横路孝弘

# 民主リベラルの旗の下で

Yokomichi Takahiro

横路孝弘・著
北海道新聞社・編

北海道新聞社

横路孝弘　民主リベラルの旗の下で

目次

# 第1章　民主リベラルの旗の下で

知事初当選を伝える 1983 年 4 月 11 日の北海道新聞夕刊

第 1 章は、2018 年 7 月 3 日から 8 月 23 日まで北海道新聞夕刊で連載された「私のなかの歴史」をもとに、聞き手・構成を務めた林真樹・北海道新聞本社編集局報道センター次長（現・釧路報道部次長）が加筆しました。

## この世は縁

不可能を可能に——。１９８３年の北海道知事選で勝利したことは、私の半世紀に及ぶ政治家活動の中で、とても印象深い出来事でした。とりわけ開票後、無効票がたくさん出たことに驚きました。その多くは「横路節雄」。私の父の名です。

札幌の小学校教員だった父は戦後、再び教え子を戦場に送らないと北海道教職員組合（北教組）設立に加わり、社会党の道議会議員、衆議院議員を務めます。自民党の町村金五氏に敗れた59年の道知事選を含め、67年に急死するまで11回の選挙を戦いました。

大量の無効票は、知事候補の私に、生前の父の面影をダブらせた人がいかに多いかを表していました。知事選でオホーツク海側を遊説中、24年前の「横路節雄後援会事務所」とある木製看板を持ってきた人もいました。

私が札幌で生まれたのは41年（昭和16年）1月3日です。実は私が生まれる前に、長兄が1歳半で亡くなっています。その悲しみは深く、一番の親孝行は親より先に死なないことだと、「孝」の字を選び、孝弘と名付けたそうです。私には洋《ひろし》、暁夫《あきお》、民雄《たみお》と３人の弟がいます。男だけの４人兄弟でしたから、特に母は大変だったと思います。

父・節雄と写真に納まる

　幼い頃に父に遊んでもらった記憶はほとんどありません。47年に専従の日本教職員組合（日教組）副委員長となった父は、大半が東京暮らし。札幌へ汽車で帰る途中に、青森で買った水あめをお土産に渡されるのが楽しみでしたね。

　父のルーツを少しお話ししましょう。祖父・横路勘太郎は広島県の庄原《しょうばら》の生まれ。この地では「よこみち」ではなく「よころ」と読んでいたようです。

　勘太郎は1900年（明治33年）に道内へ移り、北炭夕張の坑内夫として男女9人（6男3女）の子どもを育てます。貧しい中、全員に夕張工業高や師範学校などで教育を受けさせ、娘たちも学校の先生になるなど自立の基礎を築かせます。江戸時代からの日本の教育の蓄積、北海道開拓に入った人々の教育への強い思いが分かります。

夕張市石炭博物館には勘太郎宛ての炭鉱仲間からの感謝状があります。彼が仲間と共に、他の炭鉱事故を自分のことのように案じ、お見舞いをしていることが分かります。生命を共にする炭鉱労働者の熱い連帯を感じました。

私が衆院選や知事選を戦った時も、多くの人から「自分も炭鉱で働いていた」「俺はおまえのじいさんを知っている」と大変な激励を受けたものです。父、そして祖父と、自分の知らない人たちが支えてくれる。「この世は全て人の縁でつながっている」。さまざまな場面で、私はこの言葉をかみしめながら生きてきました。

父は兄弟の4番目。夕張から札幌に出て、札幌師範学校へ進み、市内の幌西《こうさい》小学校の教員になります。38年（昭和13年）、近所に住む豊水小学校教員の美喜と結婚します。

## 伯父・野呂栄太郎

母の美喜は、長沼村（現空知管内長沼町）で生まれました。美喜の父の野呂市太郎は三重県の出身。東京で犬養毅の書生をしたこともあるそうです。東京時代に測量の技術を身に付け、空知へやって来ました。

一方、美喜の母の添田波留《はる》のルーツは宮城県の仙台藩角田領（現角田市）。祖先は1870年（明治3年）、新天地を求め室蘭の輪西村に渡り、牧畜、製鉄などを試み、特に製氷は「輪西氷《わにしごおり》」として関西などで売れたようです。市太郎と波留は結婚し、長沼で暮らしました。子どもは10人（4男6女）。美喜は8番目の四女です。長男が経済学者の野呂栄太郎。私の伯父です。

野呂栄太郎は慶応大学で経済学の名著『日本資本主義発達史』を執筆しました。戦前の言論弾圧の時代。共産党に入党し、後に委員長になります。特別高等警察（特高）に追われ、1934年（昭和9年）に品川署で亡くなりました。前年には作家の小林多喜二が築地署で獄死しています。

父の節雄と母の美喜が出会ったのは、栄太郎が亡くなった後でした。札幌でも特高の監視は厳しく、野呂姓だった母は、姉の嫁ぎ先の養女となり、高橋姓に変えていました。お互いひかれ合ったとはいえ、思想統制の厳しい時代に、よく結婚したなと思います。ともに小学校教員だった二人は、札幌の三吉神社で式を挙げました。

私は伯父に直接会ったことはありませんが、まだ幼い頃、ようやく遺骨が戻ってきたことは覚えています。長沼町の仏現寺という、きれいなお寺でね。そばの庭に杏《あんず》の木が植えてあって。ところが、返ってきた骨箱は針金でぐるぐる巻きにされていた。亡くなった後も、ずいぶんひどいことをするなと思いました。

母方の祖先が角田領ということで、大いに助けられたことがあります。道知事になった83年、初めて北海道東北知事会議に参加し、仙台を訪れました。「社会党の若い知事が来た」と、保守系が占める東北各県の知事たちが、うさんくさそうに見ているのが分かります。

会議が終わり、夜の食事会でこうあいさつしました。「私の曽祖父の添田竜吉は角田の者で、(戊辰戦争の)白河の戦いでは藩士を率いて闘ったため、取りつぶしに遭い、北海道に渡って来た。私はその4代目です」。言ったとたん、みんなすぐに歓迎してくれました。

福島県の松平勇雄知事には「ちょっと来い」と呼ばれて酒をつがれ、「新しい奥羽列藩同盟を結ぼう」と言われました。まだ東北新幹線は、岩手(の盛岡以北)と青森が開業していない頃です。「北海道もやりたいんだろ」と、岩手、青森、北海道で青函トンネル推進を唱える3道県会議を開くことが、その場で決まりました。この時ほど「先祖がありがたいな」と思ったことはありませんね。

## 弁護士を志す

私は47年に札幌市内の大通小学校に入学し、自宅から30分かけて通学しました。担任は阿部トキ先生です。学校の前にあったのが大通拘置所。今もそうですが、当時も裁判所と検察庁が近くにありました。登校すると、ときどき拘置所から腰縄をつけ、ぞろぞろと引きずられて歩いている人たちがいる。

子ども心に不思議に思いましてね。両親に「どんなことをした人たちなの」と尋ねると、「悪いことをした人もいるし、そうでない人もいるんだよ」と教えられました。母の美喜の実兄が、獄死した経済学者の野呂栄太郎だったことも頭にあったのでしょう。

そして『モンテ・クリスト伯』(巌窟王《がんくつ》)、『レ・ミゼラブル』(ああ無情)を読むよう勧められました。「こういう無実の罪を着せられた人たちを助ける仕事があって、それが弁護士なんだよ」と言われました。

弁護士を意識するようになったのはその頃からです。小学校の卒業文集では「将来は弁護士になる」「弱い人を助け、正義を実現する」みたいなことを生意気にも書いていましたね。

3年生からは新設された二条小学校へ転校します。担任は絵が上手な赤石武士先生で、卒業するまでお世話になります。日曜日も円山公園や豊平川沿いの藻南公園へみんなを連れて行ってくれました。汽車に乗って、小樽の銭函で海の絵を描いたこともあります。

小学校の友人は今でも20人くらいが集まります。みんな赤石先生が、いろんな所へ連れて行ってくれた記憶が残っています。先生は植物や昆虫の名前にも詳しくてね。今でも草むらの花や虫に目がいくのは、先生の訓練のおかげです。

啓明中学校での担任は杉木敏夫、佐藤直一先生でした。1学級70人以上いて、教室は前を向いて歩けない。机の間をカニみたいに横ばいに歩いていました。

よく覚えているのが「瓶こすり」。木の廊下がささくれだっていて、転んでケガする生徒がいる。牛乳瓶やビール瓶を家から持ってきて、横一列に並んで同じ方向を向いてこすると、ささくれがなくなるんです。知事選出馬の時、渡島管内松前町の旅館に泊まったら、あいさつに来たおかみに「横路さん、瓶こすりって分かりますか」と言われた。「あなた啓明中ですか」と尋ねると、「そうです」と答えるので、大いに懐かしく思ったものです。

中学でよくやったのがバスケットボールや野球。バスケは校内対抗で優勝したことがあります。野球はグラウンドの隣が畑で、ライトへ球を打つと畑に入り大変でした。学校が終わると円山近くの双子山に1人で行き、スキー板をかついで滑り降りてました。力がありましたね。

## 入院で得たこと

中学2年の夏、後に私の人生に大きな影響を与える大事故に遭います。

海水浴をせがむ弟たちと後志管内共和町へ列車で行くと、遊説で道内に戻った父が駅で待っていて、支援者が運転するオート三輪にみんなで乗り込み、海に向かいました。

ところがスピードを出し過ぎてカーブで横転。荷台の父と弟たちは投げだされ、助手席の私は左足を複雑骨折する大けがを負います。私は汽車で札幌へ運ばれ、札幌医科大学附属病院に入院。胸からつま先まで覆うギプスをはめられます。数カ月後にギプスを外したものの、入院は長期にわたりました。一生懸命リハビリをやりましたが、今も歩くときに足を引きずっているのは、この時の後遺症が原因です。

長い入院でしたが焦りはありませんでした。リハビリなど努力はするが、努力してもできないことがあり、それを受け止めなければならないことも世の中にあると痛感しました。

この経験が、衆議院議員や知事時代、障害者福祉に力を入れることにつながります。啓明中学校に戻ったのは1年5カ月後。56年1月に2年生に編入しました。クラスの全員が私より一つ年下でした。

入院期間中に得たことは多かったですよ。囲碁や将棋を覚えて強くなったし、時間はたっぷりあるので『静かなるドン』『怒りの葡萄《ぶどう》』『次郎物語』など、手当たり次第に本を読みました。中でも『若きウェルテルの悩み』は眠れなくなるくらい高揚しましたね。読書の習慣がついたのも、この頃からです。

人との出会いもありました。同じ病室の脳性まひの阿部史郎さんは、障害者のための福祉村をつくる運動を進めた方です。その後、堂垣内尚弘知事の時に空知管内栗沢町（現岩見沢市）に設立され、「一人で泣ける部屋が欲しい」という、小山内美智子さんたちの自立生活運動に発展していきます。

阿部さんは私が知事時代の94年、障害者インターナショナル（DPI）世界会議シドニー大会に出席するというので、全北海道労働組合協議会（全道労協）の小納谷《こなや》幸一郎さん、いずれも車いすの道職員西村正樹さん、札幌の小規模作業所の東智樹さんとあいさつに来られました。この阿部さんたちの尽力で、２００２年のＤＰＩ世界会議札幌大会が実現したのです。

病院では居島《いじま》さんという北海道教育委員会（道教委）の職員とも同室でした。彼の弟が画家の居島春生さん。とても細密な絵を描く方で、後年、国会に掲げる衆議院議長などの肖像画を描いてもらったのも、この時の縁があったからです。

父からは入院中、よく手紙が届きました。「障害があっても頑張っている人は多い」「野呂の伯父さん（栄太郎）だって、膝から下を切断して義足だった。そのため官立学校に入れなかったが、北海中（現北海高校）、慶応大学で学び、立派な経済学者になったんだよ」と書いてくれました。

## 父に呼ばれ東京へ

札幌西高校には10期生として57年に入学しました。中学時代に1年5カ月も休学したため、もともと同じ学年だった9期生も仲良くしてくれたので、友達は多かったですね。長期入院も悪いことばかりではないと思いましたよ。

札幌西高校は割とゆったりした自由な校風で、卒業後にいろいろな道を歩んでいる人が多いなと思います。いつだったか、作家の司馬遼太郎さんに「札幌西高は良い高校だ。なぜなら考古学者を多く輩出しているから」と褒められたことがあります。

しかし、父に「こっちへ来い」と呼ばれ、1年の夏に東京の九段高校に転校し、九段の衆議院議員宿舎で二人暮らしを始めます。よく鳥モツ鍋なんかを作って食べました。

宿舎内の食堂の食事を部屋へ持ってくることもあった。そういう時、父は必ず「食器は洗って返せ」と言うんです。それが身に付いて、私も衆議院議員になって宿舎で出前を取ると、息子に「洗って返せ」と無意識のうちに言っていましたね。

私が高校3年の時の59年春、父が道知事選に出馬します。北海道は戦後、田中敏文知事による革新道政が続いていましたが、4期目不出馬に伴い、自民党は元警視総監で衆議院議員の町村金五氏の擁立を決めます。革新道政の継続を目指す社会党は、候補者選考が難航していました。

白羽の矢が立ったのが父でした。国会での造船疑獄事件追及などで党内の注目を集め、知事選の半年前に出馬を打診されていました。本人は「国会議員は地方自治体の首長に出さない」という党の取り決めがあると悩んでいましたが、外堀を埋められる形で最終的に出馬を決断します。

結果は町村氏に敗北。私は九段高校にいて、友達のラジオで落選を知りました。父は直後の衆院補選に勝ち、国政復帰しますが、以来、町村氏が3期12年、堂垣内尚弘氏も3期12年の保守道政が続きます。もちろん、その後に私が知事になるとは、当時は夢にも思っていません。

その頃の私は、弁護士になりたくて受験勉強をしていました。安保闘争のころです。私の隣では、父も夜中まで国際法などの勉強をしていました。私は東京大学を受験し、1年目は不合格。駿台予備校で安保のデモにも時々参加しながら、61年に再び東大を受けました。

すぐ下の弟が同じように東大を受験したので、兄として落ちるわけにはいかない。合格発表の日、父が「ついて行くか」と言うのを断って、1人で駒場の東大へ行き、まず自分の合格を確認してから、弟の合格を確かめました。

その夜は、当時入院していた弟に合格を伝えた後、父と新橋で初めて焼き肉を食べたことを覚えています。

## 学生運動に参加する

東大に通い始めると、1年前に入学していた江田五月さん（後に参議院議長）が私のところにやってきます。社会主義青年同盟（社青同）に参加するよう、口説くためでした。61年のことです。

私は浪人時代、東大の樺《かんば》美智子さんが亡くなった国会での安保闘争にも参加していて、もともと政治には関心がありました。父が社会党の衆議院議員でしたから、社青同へ入ることに抵抗感はなく、すぐに活動に加わります。

社青同は社会党の青年組織ですが、割と自由で、さまざまな考えを持った人がいましたね。安保闘争後は、中小企業で組合が数多くできました。東京・目黒区の辺りは中小企業がたくさんあり、どこかの企業がストライキをやるとなると、私たちは泊まり込みで応援へ行きました。

仲間とは、当時よく新宿の歌声喫茶「灯《ともしび》」などで歌われた、「カチューシャ」や労働歌「インターナショナル」を合唱しましてね。働いている人々の苦労話をいろいろ聞いたものです。学生運動は、だんだん問題が出てくるけれど、あのころは棒きれを持って殴り合うな

衆議院議員に当選後、国会前で江田五月さん（右）と握手する

んてことはなかった。私は学生運動ばかりではなく、勉強も一生懸命やっていましたよ。
　ところが、62年5月、江田さんが逮捕されます。大学管理法の反対を申し入れようと自民党本部に大勢で押しかけたら、誰も止めない。建物の中に何があるか分からないまま、気付いたら総裁室に入っていて、警察を呼ばれてみんな逮捕された、というのが真相です。救援対策担当だった私は、東大駒場の自治会室で留守部隊を務めていました。一報を聞き大急ぎで弁護士に連絡し、江田さんに差し入れを持って行きました。
　救援対策をやっていたことで、私も学生ながら、杉本昌純、山花貞夫両氏の弁護士事務所に出入りすることになります。間近で仕事の内容や、そのやり方を見て、ますます弁護士志望の心が固まってきました。

まだ、良き時代でしたね。逮捕された江田さんが、処分保留で釈放されたとはいえ、後に裁判官になるんですから。司法試験は発表の時に成績の順番も知らせてくれます。私は2桁の終わりの方でしたが、江田さんは10番以内と優秀だったので、裁判官になる道を選んだのです。

私の父と江田さんの父（三郎氏）は、社会党内では派閥は違いましたが、気が合って仲が良かった。後の民主党政権時代の一時期、私と江田さんがそれぞれ衆議院と参議院の議長を務めたことがあります。昔を振り返りながら「おやじたちは、今ごろ天国でどんな話をしているだろう」「酒を飲んでいるのだけは間違いないな」と笑い合ったことがありました。

## 父の急逝

東大では、学生自治会活動もしていました。自治会室の隣の学友会室に松岡由美子という女性がいましてね。どこか不二家のペコちゃんに似ているなあと。後に私の妻となる由美子との出会いです。

由美子は42年（昭和17年）、韓国のソウルで生まれ、終戦後は九州に引き揚げ、ミッションスクールを経て県立福岡高校に通います。女性が東京で学生生活を送るのは大変な時代。東大を目指したのも「安くて一番勉強できるから」というのが理由だったようです。

みんなと歌声喫茶へ行き、一緒に議論するうち、由美子と過ごす時間も長くなりました。私は弁護士になるつもりだったので、その夢を話す中で「司法試験に合格したら結婚しよう」という暗黙の了解ができました。

本格的に司法試験の勉強を始め、江田五月、中島義雄（後に大蔵省主計局次長）、江橋崇（後に平和フォーラム代表）ら各氏とよく議論しました。この頃、東大法学部の学生自治会「緑会」として、吉田茂元首相を呼んで、話を聞いたこともありましたね。

ちょうど東京五輪の64年、初めて受けた司法試験は落ちてしまいます。勉強が不十分と分かっていたので、落胆はしませんでした。東大を留年して翌年に再挑戦し、今度は無事に合格することができました。

修習生の給与をもらうようになって、由美子と約束した通り、65年の秋に虎ノ門共済会館で結婚式を挙げました。いわゆる学生結婚です。500円の会費制。出席者は100人くらいで、江田さんが司会をしてくれました。高さ30センチのケーキに2人でナイフを入れ、最後は全員で「インターナショナル」の合唱でした。

結婚式で、前列左から私、由美子、母・美喜。後列右は父・節雄

新婚生活を送ったのは埼玉県浦和市（現さいたま市）。司法修習期間は2年間ですが、給与はわずかばかり。生活費は抑えなければなりません。由美子は東大大学院に通い、アルバイトをしながら奨学金をもらっていました。国電の始発駅だった南浦和駅から歩いて20分の安アパートを借り、

私は霞が関の研修所まで通いました。

思えばヒット曲「神田川」の世界です。近くに食料品店や銭湯があり便利は良いが、アパートの壁が薄く隣の声が聞こえるほど。いつしかヒソヒソ声で話す習慣がついてしまいました。

長男の史生《ふみお》が生まれたばかりのある夜、家のドアがドンドンとたたかれ、小さな紙を手渡されます。

「オヤジシンダ　スグコイ　アキオ」

父節雄の死を知らせる弟からの電報です。タクシーに飛び乗り、青山の議員宿舎へ駆けつけた時は、既に冷たくなっていました。死因は心筋梗塞。56歳でした。札幌にいた母・美喜も日本航空の深夜便「オーロラ号」で駆けつけました。

## 政治の道へ

父が67年に亡くなった時、その枕元に「イギリスの国有化研究」という読みかけの本がありました。自民党の単独政権が崩壊し、いずれ社会党中心の政権が誕生することに期待をかけていたのだと思います。

父が死んだ翌春、私は司法修習期間が終わり、弁護士活動を始めます。上田保、中島一郎両弁護士の紹介で、68年に札幌弁護士会に入会。自宅の8畳間に応接セットと机を入れて事務所としました。妻の由美子が事務の仕事を手伝ってくれました。一度、控訴期限2時間前の午後10時ごろ、妻に書類を駆け込みで札幌高裁へ届けてもらったこともありましたね。

初めは仕事もないので国選弁護人を引き受け、殺人、放火、窃盗、詐欺、傷害と一通りやりました。しばらくして黒木敏郎弁護士と共同事務所を開設。その後、江本秀春弁護士らと設立した道央法律事務所は、現在も弁護士7人で頑張っています。

札幌に帰ってから2カ月後の6月、父の一周忌を迎えます。この頃、父の後援会の人たちや、父の出身労組の北教組から、衆院選に出馬しないかと持ちかけられるようになります。

その時、私は一人の死刑囚、島秋人《しまあきと》（ペンネーム）のことを思い起こしていました。彼は飢えに耐えかねて農家に押し入り、2千円を奪いその家人を殺します。強盗殺人罪で死刑判決が確定。監房で一人きりになると、9年間の学校生活でたった一度だけ「絵の構図が良い」とほめてくれた先生を思い出し、手紙を出します。先生からの温かい返信。それに添えてあった奥さまの短歌を読み、歌を詠む勉強を始めます。選者の窪田空穂《うつぼ》先生に認められ、毎日歌壇賞を受賞するまでになりました。

ほめられしひとつのことのうれしかりいのち愛《いと》しむ夜のおもひに
被害者に詫《わ》びて死刑を受くべしと思ふに空は青く生きたし
この澄めるこころ在《あ》るとは識《し》らず来て刑死の明日に迫る夜温《ぬく》し

島秋人は33歳で死刑となります。彼の人生を思うと、たった一度ほめられたことが人生の中で繰り返し思い起こされ、力や自信になる。ほめることが、いかに大切かを知ることができます。そして教育の大切さ。一人一人の子どもの持つ潜在的な力を引き出すこと、そのきっかけや環境をつくることです。

弁護士は罪を犯した人を救うことも大事な仕事ですが、罪を犯すことのない社会をつくる政治の仕事も重要なのだ。次第にそう思うようになります。島秋人の歌集『遺愛集』との出合いは、私の人生にとって非常に大きな意味を持っていました。父の後を継ぐべきだという周囲の強い勧めを受けて、私は政治家の道を選ぶ決心をします。

## 議員1年生

初めて臨んだ衆院選では、教員を中心とした父・横路節雄の後援会「清節会」や、同世代の若者が結成した「歩む会」が力になってくれました。私の連合後援会長は、父の時も会長だった石附忠平さん（教育評論社社長）。戦前の綴《つづり》方《かた》教育弾圧事件の被告団を支援した方です。

選挙戦では学校時代の友人も応援してくれました。投票は69年12月27日、開票は翌28日。中選挙区制度下、定数5の北海道1区で、私は自民党の地崎宇三郎氏に次いで9万8829票で2位に入ります。

当選同期は自民党が小沢一郎、森喜朗、羽田孜、綿貫民輔、共産党は不破哲三、社会党は土井たか子、佐藤観樹の各氏ら多彩な顔ぶれでした。翌年の補欠選挙で当選した上原康助氏も含む社会党12人の同期会「70年会」は2010年まで続きます。

当選お礼のあいさつで猛吹雪の石狩管内厚田村（現石狩市）方面を回っていた70年2月、

衆議院議員に初当選し、国会の議場に座る（中央）。右隣は当選同期の土井たか子氏

日がとっぷり暮れ、聚富《しっぷ》で豊沢良捷《よしかつ》君が運転していた車が吹きだまりに突っ込み動けなくなります。運良く通りかかった地元の浜尾晴雄さんという方に声をかけていただき、厚田村の西村さん宅に泊めてもらいました。九死に一生を得た思いで札幌の自宅に電話しますが、誰も出ません。

なぜかと思ったら、その夜に娘が生まれ、妻由美子も3歳の長男も母美喜も札幌医科大学附属病院にいたのです。翌未明、雪に埋もれた車を掘り起こして何とか札幌に戻ります。大雪の日に生まれたので、娘の名は由美子の由に希望の希で由希子《ゆきこ》としました。

北海道では、この大雪で数名の方が車中

で亡くなりました。以来、車で道内を回る時はガソリン、乾パン、毛布を積み込むようになりました。

後援会は石狩、後志管内の全市町村で結成され、私の活動を支えてくれました。国会が終わると、泊まり込みで後志方面などを1週間から10日かけ、国会報告に訪れます。朝から地域回り、夜は演説会に懇談会。農村、漁村、山村あり。農村も稲作、畑作、酪農、果樹など多様で、私には見るもの、聞く話、すべてが勉強でした。

札幌市内は1日2回のお茶懇に、夜は演説会。開会中は国会第一、閉会中は地元第一の生活でした。国会開会中にたまに家へ帰ると、子どもたちから「今日は僕たちの家に泊まっていくの？」と言われ、びっくりしたこともありました。

国会では、内閣委員会と交通安全委員会に入ります。当時の内閣委員会は質問に時間制限はなく、質問者がいなくなれば採決するという簡潔なルールでした。私はだいたい2時間前後は質問し、最長は4時間半でした。生半可な質問では官僚になめられるので、よく勉強しましたね。

当選直後の70年3月の予算委員会を皮切りに、その年の12月25日の内閣委員会まで25回の質問に立ちました。

## 障害者政策に尽力

衆議院議員になって、とにかく質問に立とうと、航空機事故から経済問題、外交・安全保障まで幅広く手掛けます。その中で忘れられないのが、障害者の権利に関する政策の実現です。

小樽に佐藤冬児《とおる》さんという川柳作家がいました。12年（明治45年）生まれで、20歳のころ、雪下ろし作業中に屋根から落ちて腰を打ち、寝たきりに。後年、貸間業の傍ら、ベッド上で句作を続けます。「冬のバラ　月より遠い投票所」。佐藤さんが始めたのが在宅投票制度の復活運動でした。戦後の一時期だけ認められ、「悪用」による選挙違反が増えたことを理由に廃止された制度です。

私は佐藤さんの話を聞き、在宅投票制度の廃止は主権者である国民の権利を奪い、憲法に違反していると思いました。そこで、裁判を起こすこと、国会で新しい法律を作ることの二つを佐藤さんに約束します。

衆議院法制局と相談しながら法律案を練り、国会で質問を重ねます。73年3月、衆議院予算委第3分科会で、当時の江崎真澄自治相から「復活する方向で、早急かつ真剣に検討する」との答弁を引き出しました。小さなベッドの上で始まった大きな闘いが実り、法改正で郵便投票制度は復活します。また、裁判も一審で違憲判決が下りました。

　この時、新しく選挙権を行使できる身障者の方々は全国で90万人とみられていました。私自身にとっても「国会議員はやればできることが多い」と実感し、自信を持った出来事でした。

　２０１７年12月、小林静江さんという方が92歳で亡くなられました。子ども向けに絵本を貸し出す札幌市の公益財団法人「ふきのとう文庫」の創設者です。「障害のある子どもたちにも発達があり、文化を享受する権利がある」との信念を持ち、73年に市立小樽病院（現小樽市立病院）の小児科病棟に第1号文庫を設けます。

　小林さんたちは在宅療養の重度身障者・児童に対し、図書館の本を無料配送するよう求める運動を始めます。私は新聞に投書した小林さんに会い、当時の原田憲郵政相に紹介したところ、「郵便行政は大きな赤字がある。厚生省が予算を取り、郵政省が手伝うのが良い方法だ」と検討を約束してもらいます。

　そこで、私は予算委員会の分科会で質問しますが、文部、厚生、郵政3省の官僚がまず答弁に立ち、前例がない、お金がかかると、できない理由を挙げて逃げの答弁をしたのです。しかし、最後に答弁した永井道雄文相は「大変良い指摘をいただきました。早急にやりましょう」と答弁し、実現に至ります。

75年、重度身体障害者への図書郵送料が半額となります。無料ではありませんが、大きな前進でした。物事を動かすには、官僚と同時に政治家、特に閣僚を説得しないとダメだと痛感します。この体験は、政治活動をする上で大きな糧となりました。

## 沖縄密約問題

衆議院議員となり知事選まで14年間で、佐藤栄作、田中角栄、三木武夫、福田赳夫、大平正芳、鈴木善幸の首相6人と国会で論戦します。皆さん戦争を体験し「二度と戦争はしない」との強い決意を持つ方が多かった。

この間、長沼判決と福島裁判長忌避問題、ばんだい号や自衛隊機全日空機衝突事故など航空安全問題、軍縮や日中、北方領土など外交安保を質問。監獄法や独禁法改正、情報公開法など多くの課題を取り上げます。

予算委で経済企画庁の計量モデルを使い「重きを置くべきは公共投資か減税か」とただ

した時は、雑誌「世界」で経済学者の内田忠夫東大教授に「この質問は新鮮な驚き」と評価されます。これを機に金融や雇用、社会保障と経済成長の関係など質問の幅を広げられました。

忘れられないのが沖縄密約問題です。71年2月、社会党内に沖縄問題プロジェクトチームができ、楢崎弥之助、田英夫、上原康助、上田哲の各氏に私も参加。沖縄を26回訪れて調査を進め、論戦に備えます。

ここからは、これまであまり話したことはありません。返還協定で「本来は米国が支払うべき沖縄の軍用地の復元費用400万ドルを日本が肩代わり」と毎日新聞がスクープし、私は記事を書いた西山太吉記者に会い話を聞きます。資料は渡されず、西山さんの口頭の説明を基に71年12月7日、衆議院沖縄返還協定連合審査会で初めて密約を取り上げますが「事実はない」と否定され、追及しきれなかった。

それが72年3月、ある人が「自由に使ってください」と極秘電文のコピーを持ってきてくれました。すぐチームに報告し、楢崎先生の下で扱いを検討。本物かどうか、外務省に否定されないためにはどうしたらよいか。なかなか結論は出ません。

3月27日の衆議院予算委でコピーを手に質問すると、佐藤首相、福田外相の顔色が変わりました。終了後、吉野文六外務省アメリカ局長が「コピーを見せてほしい」と駆け寄ってきますが断ります。その夜、チームで協議し「資料が本物だと明らかにし、佐藤内閣を打倒しよう」と全員で決断。翌28日にコピーを公表すると、「記録もメモもない」と強弁していた政府が初めて電文の存在を認めたのです。

ところが数日後、外務省の女性事務官が情報を流したと名乗り出て、びっくりします。情報源が女性とは思ってもみませんでした。4月4日、女性と西山さんが国家公務員法違反容疑で逮捕されました。私にもメンバーにも非常に残念なことで、結果責任を感じています。同時に権力の怖さを痛感しました。

救いは外務省を引退した吉野さんが2006年、「うそをついたまま死ぬわけにいかない」と密約の存在を認め、法廷で証言されたことです。米国立公文書館から資料が出て、密約の存在は明白になりました。

## ロッキード事件を追及

ロッキード事件が明るみに出たのは76年2月の新聞報道でした。社会党はロッキード献金問題調査特別委員会をつくり、責任者は楢崎弥之助氏、私は事務局長を務めます。

当時の三木武夫首相は疑惑解明に積極的で、国会も政商の小佐野賢治氏、全日空の若狭得治社長、丸紅の檜山広会長や伊藤宏専務らを矢継ぎ早に証人喚問します。三木首相は同時に、法務省に命じて米国に資料を取りに行かせました。

私は秘書に「国立国会図書館で航空関係の業界誌を10年分集め、航空行政と政治家に関する部分を時系列に並べてくれ」と頼みます。誰が全日空社長に会い、政治と行政が何をしたかを整理した資料を見ていくと、「あ、この人は危ないな」という名前がすぐ浮かび上がってきたのです。

私は在京のマスコミ関係者数人とチームをつくり、私たちに寄せられたさまざまな資料や情報を確認し、分析します。連日夕方から私の議員事務所に集まり、その日の報告、問題の整理をして翌日の行動を決めました。疑惑が発覚した2月から、田中角栄元首相が受託収賄容疑などで逮捕後の8月まで、そんな状態が続きます。ロッキードに関しては76年6月から78年12月までに19回質問しました。

77年4月には、後に首相となる中曽根康弘衆議院議員の証人喚問が行われ、私が質問に立ちます。喚問の焦点はエアバス導入を巡るコーチャン証言で浮かび上がった、大物右翼の児玉誉士夫氏との関連でした。実は児玉氏の側近太刀川恒夫氏が一時中曽根事務所に籍を置き、東京地検もそこに注目して本人を取り調べたのです。また、九頭竜《くずりゅう》川ダムに関わる不透明な金の問題もあり、中曽根氏の政治資金についても聞いてみました。

後に中曽根氏が「横路の質問が一番嫌だった」と新聞記者に語っていたことを記憶しています。ただ結局、児玉氏に渡ったとされる17億円以上の金の行き先は解明されないまま。児玉氏が最後まで、肝心なことは何もしゃべらなかったからです。

ロッキード事件はイタリア、ベルギーなど世界に波及していきます。問題の根幹には米国の産軍複合体があります。政府とともに世界中の紛争に介入し、武器を売っていく体質は今も変わりません。

76年10月には「ニセ電話事件」が起きます。京都地裁の鬼頭史郎判事補が、検事総長をかたって三木首相に電話をかけ、ロッキード事件への政治介入に関する言質を引き出そうとした謀略事件です。

裁判官弾劾裁判所は77年3月、鬼頭判事補が出廷しないまま罷免の判決を下します。裁判長役は荒船清十郎元衆議院副議長で、私も裁判員の一人として出廷。三権分立の下、立法府の国会が司法権力をチェックするという得難い体験をしました。

## 中国訪問と戦争責任

69年末の衆院選に当選した社会党同期らでつくる「70年会」は、12人いましたが、土井たか子、沖縄の上原康助の両氏らが亡くなり、今では私と佐藤観樹氏だけになりました。71年1月、「70年会」所属の若手議員で中国を訪れました。日中国交回復の1年前。まだ戦争の記憶が生々しく残っていた頃です。香港、北京、瀋陽、延安、広州などを訪れ、滞在は1カ月近くに及びました。

北京では周恩来首相に面会しました。にこやかですが眼光は鋭い。中国の若い人たちを後ろに座らせた周首相は「みなさんは午前8時の太陽ですが、私は午後3時の太陽。沈みゆくだけです。ただ、中国にもこうした若者がいて、頼もしく思っている」とあいさつされました。

周首相は日本の戦争責任について、こう話しました。「平和が大事です。問題は日本軍国主義。日本国民も中国国民もその犠牲になった。だから、日本軍国主義が復活しないよう、みなさんにも頑張ってもらいたい」

「日本軍国主義が悪い」という言い方で、中国国民を納得させ、日本との国交回復に道筋をつけようとしている。大国のトップとして、大変な苦労をされているなと感じました。

その後、中国東北部に行き、瀋陽では、旧日本軍侵攻の契機となる「満州事変」、中国人らに人体実験を繰り返したとされる旧日本軍の「731部隊」、さらに「平頂山事件」を含め、日中の歴史に関する現場を見て、学者と意見交換する会合が開かれました。

会合では、実際に戦争被害を受けた中国人たちが証人として一人ずつ出てきます。証人たちはみんな、最後には必ず「これらのことをやったのは日本軍国主義で、日本のみなさんに責任はありません」と言った。

ところがその中で一人だけ、40代の女性が「私は親兄弟を目の前で殺された。私はそれを隠れて見ていて助かった。この恨みは永久に忘れません」と、私たち訪問団のメンバーを一人一人にらみつけて部屋を出ていきました。

ある晩、中国側からの誘いで劇場に行きます。舞台の真ん中に置かれた箱に中国兵が逃げ込む。そこに、戯画化された日本兵が追いかけてきて箱を開けると誰もいない。おかしいなと箱に背を向けて探していると突然、箱から中国兵が出てきて日本兵をバタバタ斬り殺す。劇を見ていた中国人は大喝采《かっさい》でした。

この二つの出来事を通して、「ああ、これが本当の中国の人たちの気持ちなんだな」と分かりました。土井さんとも話しましたが、加害者は忘れても被害者は忘れない。私はアジア、特に中国や朝鮮半島の人々との交流は、歴史をしっかり踏まえなければとの思いを強くします。その後、社会党の日中特別委員会の事務局長として日中友好交流に努めました。

## 勝手連の誕生

戦後の道内政治を振り返ると、革新系の田中敏文知事が3期12年務めた後は、自民党衆議院議員だった町村金五氏が3期12年、元北海道開発庁事務次官の堂垣内尚弘氏も3選を果たし、長らく保守道政が続きます。

83年の知事選に向け、堂垣内氏の後継は早い段階で三上顕一郎副知事に決まりました。社会党は80年秋に7人委員会という候補者選定の協議機関を設置します。メンバーは社会党道本部の川村清一委員長や全道労協の小納谷幸一郎議長、西本美嗣氏（後に道議会議員）たちです。

81年になると、だんだん私の名前も挙がるようになりますが、ちょうど国会活動が充実していた時期と重なります。当時、私は社会党内の改革グループ「新しい流れの会」の事務局長として党改革に力を入れていました。また、「日米関係を考える会」を設立して米議員と交流を進める一方、超党派の「軍縮議連」にも参加していました。

この頃、全電通の山岸章さん（後に連合初代会長）などを中心に「社会労働評論」が発刊され、森田実編集長の下で私も編集メンバーの一人として関わります。欧州的な社会民主主義社会の実現と、総評と同盟の統一を目指す動きの一環でした。

そんな時、大分県の平松守彦知事が手掛けた「一村一品」に関する本を読み、知事はやる気になれば、いろんなことができるんだなと思いました。人口が大きく減って閉塞感《へいそく》が漂う北海道で「みんなが元気に暮らせる社会をつくらないといけない」と考え始めます。国際的な相互関係が強まる中、日本海とオホーツク海を平和の海にするなど、地方自治体でもできることがあるのではないだろうか。

さらに、国会活動を通して感じていたのは、情報化に伴って情報処理産業が発展する道外各地と比べ、北海道が立ち遅れていたことです。地方分権、地方の復権、地方の時代という流れの中、神奈川県の長洲《ながす》一二《かずじ》知事は率先してその道を切り開いている。北海道も中央のモノマネではない独自の生活文化や福祉を創造できるのではないか。やるべきことがたくさんあると思い、知事選出馬へと少しずつ気持ちが傾いていきました。

82年1月に元・日大全共闘書記長の田村正敏さん、札幌のミュージシャン稲村一志さんと、社会党機関紙の企画で対談します。出馬を促されたので「出ないよ」と言うと、「じゃあ、俺たち勝手に連帯する」と。

彼らは「三十男の樽酒飲み放題コンサート」なんて奇抜なことをやり、それでも100人以上集まります。閉鎖的な社会でも面白くやっていこう。そうした自己表現のきっかけとして、ススキノ勝手連、大正生まれ勝手連、福祉勝手連、学生勝手連などいろんな勝手連が出てきました。

次第に私の所へも、出馬を求める手紙が届くようになります。

## 知事選に勝利して

私は82年11月4日、札幌プリンスホテルで記者会見し、翌春の道知事選への立候補を表明します。キャッチフレーズは「静かなる改革」「新・開拓時代」。出馬表明の文章は雑誌「世界」の安江良介編集長らに見てもらいました。

政策発表は83年2月21日。道庁記者クラブで会見し「新国際時代、経済自立化、地域社

知事選の出馬会見に臨む（左から２人目）

会創造」の三つの挑戦を掲げます。イデオロギーではなく、道民生活をいかに良くするかを心がけました。政策は82年夏から、多方面の人々に道内の現状と課題を聞き、私の考えを政策スタッフの中心にいた松本収さんに伝え、まとめてもらいました。

さて選挙戦初日、昼休みの道庁前には大勢の人たちが集まり、窓から「お待ちしてます横路さん」と垂れ幕が下りていました。とても大きな元気を与えられ、全道を回り始めました。

この知事選ほど多くのボランティアの方々に支えられた選挙はありません。朝から晩まで感激の毎日でした。工事現場の高い所から手を振ってくれた人々、朝早く農村の牛舎から手を振り応援してくれた夫婦。遊説はどうしても遅れがちになるのに、寒い中、本隊車を辛抱強く待ってくれた町や村の人たち。

地方遊説で忘れがたいのは、後志管内神恵内村の山中を選挙カーで走っていた時のこと。「夜になったし、もうマイクを握るのをやめようか」と話していたら、木の陰の向こうから何隻もの漁船の集魚灯がピカピカ光ってね。こちらの声が聞こえていて励ましてくれた。ウグイス嬢たちも感極まって、みんな涙を流しました。

選挙戦の最後の夜はススキノフィーバー。タレントの中山千夏さんや永六輔さんが応援に駆けつけ「ヨコミチ」コールを連呼してくれました。私はただただ「ありがとう」と感謝の言葉を叫ぶだけでした。

投票日の4月10日朝は苫小牧の支援者がくれた、ふきのとう入りのみそ汁を飲み、昼ごろ母と妻の3人で投票へ行きました。当時は開票が即日と翌日にまたがり、結果はすぐ出ません。その夜は自宅にいました。すると、保守色の強い石狩管内当別町の支援者から電話です。「大変だ、大変だ。当別で勝ったぞ。前代未聞だ」

翌11日午前、開票が全て終わっていない段階で「当確」が出て、家を出ると子どもを抱いた女性たちが待っていて祝福してくれました。最終的に私が約7万票差で三上顕一郎候補を上回ります。選対事務所には多くの支援者が集まり、もみくちゃにされながら感謝の言葉を述べました。

自宅への電話はひっきりなし。中でも、お祝いとして作家三浦綾子さんから「喜ぶ者とともに喜び、泣く者とともに泣きなさい」という聖書の言葉を贈られた時は、感動しました。「静かなる改革」に向け、42歳の私は正念場を迎えます。

## 道政の船出

11日の知事当選後、23日の登庁までの間、まず道庁から「役所の書類用に」と、毛筆で「北海道知事　横路孝弘」と書くよう頼まれます。私は習字が苦手。母の親戚筋の書家小川東洲さんに手本を書いてもらい、数日練習しました。

当選直後には板垣武四札幌市長を訪ねます。道政運営に協力を求めると快諾してくれました。当時は冷戦下で、札幌にいる米国、中国、韓国、ソ連の領事は互いに会いづらい。板垣さんと私で定期的に彼らを招いて会食し、横のつながりを取り持ったこともありましたね。

堂垣内尚弘前知事とは16日、知事公館でお目にかかります。「忙しくて大変だから、体に気をつけてがんばって」と激励され、引き継ぐ政策課題を尋ねると「後はあなたの判断でやりなさい」とだけ言われました。具体的な引き継ぎは保格博夫、熊谷克治、原清重の社会党道議会議員を窓口に、道庁側は野沢達夫総務部長らが務めました。

北海道の問題解決には政府・各党の協力が必要です。当選後には中曽根康弘首相、竹下登・蔵相、加藤六月北海道開発庁長官ら各閣僚、道内選出の箕輪登、地崎宇三郎衆議院議員、自治省、北海道開発庁の事務次官らにあいさつをして回りました。

その夜、自民党の田村元、公明党の正木良明、社会党の土井たか子、社民連の楢崎弥之助の各氏ら党派を超えた国会議員からお祝いと激励をしてもらいました。うれしかったですね。

最初に決まった人事は高野泰造秘書課長と町田真英《まさひで》秘書官でした。人事課は誰を推薦するか苦労したのでしょう。二人は私と同じ札幌西高校の卒業生。これが役所であり、日本社会だと強く印象づけられました。副知事は中川利若さん、永沢悟さんが留任、佐竹土佐男さんが加わって順調に道政のスタートが切ることができ、この時の皆さんには今も感謝しています。

最初の頃、私は各部の課長や係長に直接電話をかけ、政策の方向性などを聞いていました。その方が話が早いからですが、あるとき副知事に「私たちを通してほしい」と注意さ

知事当選後にメーデーに参加し、手を振る

れ、その時も組織とはそういうものかと思いましたね。

各部とのヒアリングでこんなこともありました。選挙公約に書いた障害者と健常者が共に暮らす「ノーマライゼーション」という言葉を、民生部長が「どういう意味ですか」と聞いてきたのです。担当部長が分からないはずはなく、嫌がらせかもしれないと感じ、思わず「あなたはホントに知らないのか」と問い返してしまいました。

私は知事として25年ぶりにメーデーに参加します。職員の中には今まで道議会でさんざん社会党に攻められ、「社会党が推した知事の話は聞きたくない」という空気もありました。ただ、しばらく仕事をするうちに職員とも打ち解けることができました。

## 北炭夕張、小樽運河…　続く難問

知事に就任した83年4月以降、待ち構えていたのが北炭夕張新鉱の閉山問題です。81年10月に93人が犠牲になる坑内火災事故が起き、同社はいったん閉山しますが、なお新会社を設立して再建策を探る途上で、私が知事になったわけです。

5月20日、東京で面会した山中貞則通産相に「道も一枚かんでほしい」と言われます。その夜、山中氏が記者会見で打ち上げたのが「第三セクターによる新会社を設立しヤマを再開する」という再建案でした。

さて、道が出資するにしても長期的な費用や、それが真の再建につながるのかも不透明。庁内協議での副知事の答えは「金がかかりすぎて難しい」。会社は瀕死《ひんし》の状態ですが、みんなの期待を受けて知事になった私は「何とかしたい」と考えます。

担当部から出たアイデアは、新会社が海外炭の輸入を担い、輸入炭を一括して国策会社の電源開発に買ってもらう。つまり海外炭の転売マージンで新会社の赤字を補う案でした。庁議を経て、政府に提案します。

通産省は反発しますが、山中氏は支持してくれました。ところがその山中氏が6月に病気で倒れます。新たに宇野宗佑通産相になった途端に「新会社は無理だ」と閉山が決定。祖父・横路勘太郎が炭鉱員として働いた夕張のヤマがなくなることに、複雑な思いを抱きました。一連の炭鉱問題では社会党の岡田利春衆議院議員、対馬孝且《たかかつ》参議院議員にお世話になりました。

知事になって直面したもう一つが、小樽運河の埋め立てです。既に道は道路拡幅の埋め立てを申請し、私が知事に就く前の82年9月には運輸相も許可していました。これに対し、小樽運河を守る会の峰山冨美会長らが反対運動を展開。西武流通グループの堤清二代表も保存運動に加わり、建設中止の世論が広がっていました。

私も知事として建設見直しを考えましたが、当時の小樽市長が強硬で聞く耳を持ってくれません。道路工事が進み、国の補助金が入っていたこともあり、埋め立て全面中止が困難だったのも事実です。私は84年8月、運河を半分埋め立てる折衷案の支持を表明しました。

残念でしたが、峰山会長らの努力がなければ運河は全て埋め立てられ、小樽は今のような観光地にならなかったでしょう。何より工事中止を求めた運動の精神は、後々に生かされます。

知事在任中、サクラマスの自然産卵河川の忠類川（根室管内標津町）で、地元要望を受けた砂防ダム建設が始まり、これに地元の若者グループが「サケが遡上《そじょう》できなくなる」と反対。町や漁協が同調し、道も国へ要請したことで、建設省は遡上可能な工法に変えます。当時、途中まで進んだ河川工事の変更は画期的なこと。建設省も小樽運河から学んでくれたと受け止めました。今もサケは遡上しています。

## 市町村訪問へ

知事になり、職員から渡されたあいさつ文が前年とほぼ同じで、日付だけ変えていることに気付き、「言葉の行革」を始めます。分かりやすく具体的にということで、審議室の和田雅之主幹を中心に「書くとき　話すとき」という冊子にまとめてもらいました。過去の文書の丸写しをやめ、心ある言葉を紡ぎ、開かれた道政の発展を目指したもので、今も活用されていることを期待しています。

知事就任時の北海道の有効求人倍率は0・2です。10人が仕事を求めても2人しか職に就けない。造船、アルミ、紙パルプ、石炭、鉱山、北洋漁業といった産業が、いずれも閉塞状態の中でどうしたらよいのか。

必要なのは、人々のエネルギーと力です。この北海道に誇りを持ち、たくましい地域社会に育てていこうとする気概が、道民の中から喪失しているのではないかと思いました。

地域を愛し、より大切にすること。地域の人々が互いに助け合い、連帯感を高めること。何事にも挑戦する気持ちをみんなが持つこと。そのためには何が必要で、どうすれば良いのだろうか。

そこで始めたのが「一村一品運動」です。住んでいる人が主人公。まず地域を知り、歴史や文化、自然や生産物、そして住民を知ることが大切です。地域を愛する気持ちが生まれ、連帯感が強まることを期待しました。町おこし、村おこしはみんなが共に考え、行動することが不可欠。とりわけ市町村長の役割が大きいのです。

私は「道庁は市町村の事務局」と考えています。市町村あっての道、道あっての国。そこで当時の212市町村をくまなく知るため、首長さんと自由に胸襟を開いて意見を交わし、お互いを知ることに努めました。それが市町村サミットです。

初回は83年8月、檜山管内で開きました。私と支庁長、担当部長らが1泊2日で各自治体を訪れます。昼間は視察や町民対話集会、夜は首長さんたちと一杯飲み会。さらにはマージャンかカラオケをやるうちに、互いに打ち解けていきます。

私はこの時、一つ失敗をしましてね。200人ほど集まった乙部町の町民対話集会で「みなさんから、道議会の議論よりはるかに良い意見を聞かせてもらいました」と言ってしまいます。道議会議員からお叱りを受け、次の道議会の冒頭で頭を下げて謝りました。

初めての対話集会で「本当に何でも言っていいんですか?」と尋ねる町長がいました。後で聞いたら「支庁長に『こういう内容のことは言うな』と指示された」というんです。それを聞いて、司会は私自身が務め、シナリオは用意しないスタイルに変えます。そんな形で、在任中に市町村サミットは60回開き、延べ346市町村を訪問しました。

## 広がる一村一品運動

一村一品運動では、たとえば上川管内鷹栖町はいち早く「健康」に注目し、農家が自家栽培したトマトをジュースにしました。トマトのラテン語の学名を訳した「オオカミの桃」という商品名で売り出し、現在も東京のスーパーで売られています。

オホーツク管内置戸町は特産品の白い木の器「オケクラフト」、十勝管内池田町の「十勝ワイン」、上川管内剣淵町の「絵本の里づくり」、函館市の「函館野外劇」、檜山管内江差町の「江差地域大学」など、各地で新たな取り組みが次々と生まれます。運動開始から10年後には特産品695、観光イベント616、ミニ独立国43、地域づくりの塾活動67と事業数も増えて盛り上がりを見せ、地域の連帯感と定住性が高まりました。

各地で商品を開発しても、売れなければいけません。道産品を集めた「ニューフロンティアフェスティバル」は83年、札幌の丸井今井百貨店でスタートします。次第に東京の百貨店などでも開かれ、人気を博しました。東京では大型客船を借りて会場にしたこともありましたね。

強力な応援団も現れます。道内出身の芸能人や文化人らが87年に「北海道外野《がいや》の会」を結成し、歌手の北島三郎さん、水戸黄門を演じた俳優の西村晃さん、喜劇役者の坊屋三郎さんら会員は約150人。タレントのポール牧さんは指ぱっちんで会場を盛り上げてくれました。

この運動には、もう一つの狙いがありました。日本は縦社会です。それぞれのマチに農協、漁協、商工会、地区労があっても、夏祭りは商工会、収穫祭は農協という具合に交流の機会が少ない。一村一品を考えるために農協と商工会が集まったところに、地区労の人間が参加すれば、横の連帯が強まります。

転勤族など外から来た人の「風」と定住民の「土」による「風と土」の連携も大切です。運動を契機に、地域づくりのエネルギーが生まれたと思います。

同時に産業を強くする試験研究機関として、道立工業技術センター、植物遺伝資源センター、食品加工技術センターなどの整備も進めます。各分野で挑戦を重ね、食関連では品質が悪く「やっかいどう米」と言われた道産米を改良し、88年に「きらら397」が誕生します。きららの遺伝子は、ななつぼし、ふっくりんこ、ゆめぴりか、といった品種に引き継がれました。

2018年2月の平昌《ピョンチャン》冬季五輪で銅メダルに輝いた女子カーリング。その基礎を築いたのは88年、常呂町（現北見市）にできた国内初のカーリング専用ホールでした。道も1億円支出しました。平昌五輪後、女子選手の一人が語った「この町は何もないけれど、ここにいなければ夢はかなわなかった」という言葉は、一村一品運動の標語「このまちで一緒に夢を探しませんか」に通じるものがあると思いましたね。

## ソ連とのかけ橋

最も北海道に近く、漁業問題などを抱えるソ連・サハリン州（樺太）と何とか交流を進めたいと考え、知事時代の87年、サハリンを初訪問しました。新潟、ハバロフスクを経由し、到着まで丸2日がかりです。

ユジノサハリンスクの空港に着くと大勢の人が集まっていました。この人たちは日本の女性で、北海道出身者も多かった。朝鮮半島の人たちと結婚し、ソ連が占領した後も家族がばらばらになるのを避けるため、日本に帰らなかった女性たちです。ここにも戦争の犠牲者がいると初めて知りました。この後、サハリン北海道人会がつくられ、道としてもサハリンに北海道事務所を設置し、支援することにしました。

サハリンとの距離が一気に縮まったのは90年8月下旬です。当時3歳のコンスタンチン・スコロプイシュヌイ君（愛称コースチャ）が、ユジノサハリンスクの自宅で全身の80％に及ぶ大やけどを負い、瀕死の状態から抜けだせず、北海道に助けを求めてきたのです。

実は直前の8月中旬、サハリン州のフョードロフ知事が札幌を訪れていました。会談後に大通公園のビアガーデンへ行き、なりゆきで舞台に上げられた州知事は「北海道とサハリンは千年たっても隣同士。仲良くしましょう」とあいさつします。道内は樺太からの引き揚げ者が多く、握手攻めにあった州知事は「日本人はソ連が嫌いと思っていたが、そうでもない」と喜んで帰りました。

そんな伏線があったからかもしれません。8月27日午後2時すぎ、州知事から私宛てに「援助をお願いしたい」とテレックスが入ります。道側も既に情報を得て対応を始めていました。堀達也知事室長の指揮で、国際交流課の町田真英課長、宮田成生係長を中心に、外務省、法務省、海上保安庁、札幌医科大学と交渉を続けました。

サハリン州は防衛上の理由で外国機の乗り入れを認めていませんでしたが、州知事が決断し、特例で許可します。札幌医科大学の菊地浩吉学長の了承を得て、金子正光教授らを乗せた海上保安庁の航空機がサハリンへ向かいます。

コースチャ君は大やけどから8日後の28日午前、付き添いの父イーゴリさんと日ソ国境を越えて丘珠空港に到着、札幌医科大学附属病院に搬送されます。皮膚科の阿部清秀医師によって30日から皮膚の移植手術が始まりました。

9月上旬には母タリーナさんも駆けつけ、計6回の移植手術は無事終了。一家は11月23日に帰国します。コースチャ君の件は「前例がない」と言わず、命を救うことに全力を尽くした道職員らの対応が素晴らしかった。

この時、多くの国民が寄付をしてくれ、コースチャ君一家と相談し、サハリン州を中心とする医療交流の基金を設けました。コースチャ基金として、現在も医療交流に大切に使われています。

## ビザなしで北方領土へ

冷戦が雪どけに向かい、ソ連との関係に変化の兆しが表れます。91年4月に来日したゴルバチョフ・ソ連大統領が、北方領土のビザ（査証）なし渡航を提案します。訪問の調整はサハリン州で行われました。外務省からは「サハリンとあまり接点がないので、道の方で詰めてほしい」と言われ、荒井聡知事室長（後に衆議院議員）を派遣し、渡航の枠組みを決めました。91年末にソ連が崩壊し、ロシアになってもビザなし協議は受け継がれました。

道は「領土問題解決の第一歩」、サハリンは「友好、交流を深めるため」とそれぞれ思惑に違いはありましたが、92年4月、初のビザなし渡航が実現します。道が招待する形で北方領土の訪問団が船で来て、根室管内と札幌に滞在。5月に道側の訪問団が北方領土へ渡りました。

私も93年8月、戦後の道知事として初めて、国後、色丹、択捉3島を回るビザなし渡航団に、団長として参加しました。戦前を含めると、41年（昭和16年）に択捉島を訪れた道庁長官以来52年ぶりということでした。

国後では、南クリール地区人民代議員会議のテレシコ議長の家に泊まります。テレビでは日本の番組が放送され、議長の娘さんがピアノで時代劇ドラマ「水戸黄門」の主題歌を弾いてくれました。彼女は「ロシアと日本をつなぐ通訳になりたい」と将来の夢を話していました。

色丹の島民対話集会で「もし日本に返還されたら、われわれはどうなるのか」と聞かれたので、私は「日本人は旧ソ連に追い出されたけれど、私たちはそんなことはせず、一緒に暮らせるようにします」と答えました。帰国後、外務省と官邸には、北方領土が日本に返還された時、ロシアの人たちをどう扱うか、年金、教育などしっかり検討しておく必要があることを伝え、検討をお願いしました。

ロシアとの関係はその後も深まり、94年に函館―ユジノサハリンスク間、2001年には新千歳―ユジノサハリンスク間の定期航空便が就航。95年には稚内―コルサコフ間の定期フェリー航路が開設されます。

国際交流は、ロシアだけではありません。北海道日中友好協会顧問で、20年間にわたり中国で稲作指導を続けた岩見沢の原正市《しょういち》さんは、道内で確立した寒冷地稲作技術を黒龍江省を中心に中国全土へ広め、収量を飛躍的に伸ばしました。こうした民間交流を土台に、道と黒龍江省は86年に友好提携を締結。その際、中日友好協会の孫平化会長が全面的に支援してくれました。調印後は林業、教育、医学など交流の裾野を広げます。

明治初期に来日したホーレス・ケプロン、札幌農学校（現北海道大学）初代教頭ウィリアム・クラークは、マサチューセッツ州出身です。北海道発展に貢献して縁が深く、90年に道とマサチューセッツ州は姉妹提携を結びました。

## 北海道南西沖地震

知事在任中の大事故や自然災害で、まず思い出すのは85年に起きた三菱南大夕張鉱のガス爆発事故です。死者は62人に上り、道内の炭鉱の閉山が、さらに加速するきっかけとなりました。私は86年に「産炭地サミット」を開き、振興策を国や関係業界に求めますが、祖父が夕張で坑内夫だったことを思うと、胸が痛みました。

自然災害では北海道南西沖地震が忘れられません。93年7月12日夜、私は「ふるさと訪問」で留萌管内苫前町に泊まっていました。午後10時17分、檜山管内奥尻町の北方沖を震源とするマグニチュード（M）7・8の大地震が発生し、奥尻島青苗地区に大津波が押し寄せます。未明に車で苫前を出発した私は翌朝、道庁で防災服に着替え、丘珠空港から自衛隊の小型航空機で正午すぎに奥尻島へ着きます。

島の死者・行方不明者は198人に及ぶ大惨事。最初に「棺《ひつぎ》が足りない」という声を聞きます。いったん札幌へ戻って手配し、翌日再び奥尻島へ行くと、今度は「電話が足りない」との声。まだ携帯電話が普及していない時代です。NTTに有線固定電話を何十台か用意してもらいました。4、5日たつと「風呂に入りたい」。この年は暑い夏でした。自衛隊に頼んで仮設風呂を設営してもらいます。

さらに2週間くらいたつと「入れ歯と眼鏡を何とかしてほしい」。地震が夜に発生し、寝ていた人は入れ歯も眼鏡も置いて逃げたためで、歯科技工士会と眼鏡店に協力を要請します。1カ月がたったころ、初めて食べ物の話が出ます。「イカ刺しが食べたい」。ちょうど

8月はイカ漁の最盛期でした。被災された皆さんは本当に我慢強かったと思います。

困ったこともありました。大勢のボランティアが来てくれて助かりましたが、食事と寝る場所の確保に役場職員が苦労しました。私は、寝袋と食料を持参してほしいと呼び掛けました。

平成の天皇、皇后両陛下がお見舞いに来られたのは7月下旬。私たちが函館でお出迎えすると、両陛下に「奥尻ではきちんと記録を残し、将来のために役立つようにしてくださいね」と言葉をかけられます。そこでまとめた復旧対策は、95年1月の阪神淡路大震災の時に五十嵐広三官房長官に伝え、役立てることができました。記録を残すことの大切さを改めて実感しました。

私は83年の知事就任直後、内々に北海道大学の専門家の学者を呼び、道内で大地震の可能性がある地域を聞いていました。その後、指摘された5カ所のうち、奥尻を含む4カ所で実際に地震が起きたことには驚きました。

88年に発生した十勝岳噴火は、幸い死者が出ず、ホッとしました。しかし、数多くの温泉がある北海道は地下に火山帯が走っており、地震や噴火はつきものです。日頃から十分な備えが必要なのは、言うまでもありません。

## 核廃棄物施設に反対する

83年の知事選出馬の際、北海道電力泊原発1号機（後志管内泊村）について、公約では「安全対策を第一に考える」と表現しました。既に前知事時代に稼働へ向けた手続きが進んでいたためです。これを取りやめるのは非常に難しく、大騒ぎになって道政が混乱するのは明らか。この道を突き進むわけにはいかないと考えたのです。

就任1年後に突然、宗谷管内幌延町の町長が高レベル放射性廃棄物施設の誘致を打ちだし、自民党が動力炉・核燃料開発事業団（動燃）とともに推進しようとします。道庁内に専門家はおらず、科学技術庁に問い合わせて議会答弁する状態でした。

私は原子力資料情報室の高木仁三郎代表から「安全な処分方法が未確立で、世界中で大問題になっている。保管期間が何万年にもなり、慎重な上にも慎重な対応が必要」と聞き、米地質調査所の「サーキュラー779」という論文を教えてもらいます。それを読み、7月に欧米を13日間、調査訪問しました。

米国ではワシントン州政府、ハンフォード核施設、ペンシルベニア州立大学、地質調査所、米原子力規制委員会など12の研究所などで話を聞き、フランスの核施設も訪れました。

どこでもまず問われたのが日本の基準と、幌延町がそれに合致しているかどうか。「いや、日本には何の基準もなく、町長が手を挙げたから、そこでやろうということだ」と答えると、全員があきれて言葉を失っていました。

米国ではガラス固化体にしてステンレス容器に入れ、地下の地層で1万年間、水に触れないことが求められます。さらに地質、地下水、人口などで立地条件が整うことが、米原子力規制委員会のガイドラインでした。重要なのは、まず厳格な基準を作ってから、候補地を決めること。基準もない状態で調査を始めると、内々に決めた場所に合わせた基準が作られるというのです。

大切な考え方を知り、絶対に反対しなければと意を強くします。幌延の周辺町の道路に「横路さんがんばって」と大きな看板が立っていたことも励みでした。自民党とは全面対決です。私は状況次第では、道議会を解散して道民に信を問う覚悟すら持っていました。

泊原発についてはその後、全国初の避難訓練を行いました。政府には「安全なのにやる必要はない」、反対派には「事故が起きれば訓練など無駄」と言われました。しかし、保健所にヨウ素剤がない、消防施設に核防護服がない、冬の避難道路の整備が必要など、多くの問題点が明らかになりました。訓練はあらゆる分野で大切なことです。

道内には豊かな自然エネルギーがあります。今、泊原発の再稼働が課題ですが、北電は福島やチェルノブイリの教訓を生かすべきです。北海道は原発なしでもやっているのですから。

## アイヌの人たちと

アイヌの人たちが、北海道でいつから、どのように生活してきたのか必ずしも明らかではありません。しかし13世紀、文永・弘安の役（元寇《げんこう》）の頃、元が間宮海峡を渡って攻めてきたことがあり、これを防いだのがサハリンのアイヌ民族でした。

その後は、シャクシャインの戦い（1669年）など、和人とアイヌの紛争が絶えませんでした。アイヌが活動していた範囲はサハリンから千島列島、北方領土に及びますが、1875年（明治8年）の千島樺太交換条約に伴い、サハリンのアイヌは北海道へ強制移住させられます。明治以降は創氏改名など同化政策が進み、旧土人保護法の制定によって、アイヌの人たちは「土人」と呼称されることになります。

私は衆議院議員時代、川村清一・元参議院議員が会長を務めた社会党のアイヌ政策特別委員会の事務局長として活動しており、萱野茂、貝沢正、結城庄司ら各氏と知り合う中で、アイヌ民族の歴史と文化、考え方に触れてきました。

知事になると、ウタリ協会から旧土人保護法の廃止要望を受け、ウタリ問題懇話会（森本正夫座長）を設置します。北海道大学の中村睦男教授を中心に議論してもらい、3年後に①旧土人保護法の廃止とアイヌ新法の制定②アイヌ民族は先住民族であること③アイヌ文化の振興と人権の尊重——などがまとまりました。

私はこの答申を受け、政府に提言します。国は五十嵐広三官房長官の下にウタリ対策のあり方に関する有識者懇談会を置き、旧土人保護法廃止とアイヌ文化振興のための機構設立などが報告され、国会で議決します。その後、アイヌ文化振興法が施行されましたが、まだやるべきことはたくさん残っています。

私が知事になってから、正月に豊川重雄さんをはじめアイヌの人たちが知事公宅へ遊びに来るようになりました。1月3日の昼から夕方まで、若い人たちも集まって議論し、そこからアイヌ語教室、アイヌ民族文化祭などのアイデアが生まれ、今も続いているものが数多くあります。

アイヌの考えでは、太陽、山、川、あらゆるものに神をみます。サケを捕っても必要な量以外は他の動物のために残す。木の実も全部は採らない。残した実を小鳥が食べ、どこかでフンをすれば、また木が育つだろうと。アイヌ民族の生き方は、自然と共に、自然に従うもので、経済成長第一の社会とは違います。今こそ私たちは、こうした生き方を学ぶ時ではないでしょうか。

２０１８年は北海道と命名されて１５０年ということで、各地で記念行事が開かれましたが、北海道の歴史はアイヌ民族の歴史抜きに語れません。かつて「日本は単一民族国家」と発言した首相がいました。今も「アイヌ民族はいない」と言う人がいる世の中です。「それは違うよ」としっかり発信しないといけません。

## 食の祭典の失敗

道知事を務めた3期12年を振り返ると、道民意向調査で84%が「今住んでいる町や村は住みよい」、78%が「住み続けたい」と答え、住み続けたいとの回答は知事就任前より2割も増えていました。厳しい環境下でも定住意識が高まり、12年間で人口が3万人増えていたのです。

さて、任期中の仕事で失敗したのは「世界・食の祭典」のイベントです。約90億円の赤字を出し、道民のみなさんには多大なご迷惑をかけてしまいました。経済界にも損失を負担していただき、札幌市にも申し訳ないことをしました。

86年9月に北海道開発庁のある幹部が、広告代理店シマ・クリエイティブハウスの取締役を伴って道庁を訪れ、開発調整部に提案したのが始まりです。私も一村一品運動で知られるようになった各地の特産品や、道内の農・海産物を全国の人々に知ってもらえる良い機会だと考えました。開発庁が応援し、道庁側も「大手の広告会社がついているから」と、漠然とした期待と安心感があったように思います。

しかし、結果から考えると、第一に、中核となった広告代理店がしっかり責任を持ってイベントをやり切る能力があったのか、事前の調査が極めて不十分でした。第二に、イベントの重点である「北海道の食」にどれほどの配慮と力を入れていたか。関係ない企画が多かったのも失敗の原因と言えるでしょう。

第三に、道庁内でイベントを取り仕切っていた開発調整部の中から、後に逮捕者が出ますが、全体の管理運営体制に問題はなかったか。いずれにせよ、十分な検討もしないまま、開始まで1年半しかない状況でスタートさせた責任は、全て私にあります。

終了後に道議会が設けた調査特別委員会で審査中の89年6月、開発調整部の幹部ら2人が逮捕されます。食の祭典と並行して進んでいた、新長期総合計画（新長計）の調査委託に絡む贈収賄事件でした。

道議会はさらに強い調査権がある地方自治法100条に基づく百条委員会を設置します。この不祥事について、私への問責決議案が全会一致で可決されました。誠に残念なことでしたが、やむを得ません。当時の新聞報道によると、逮捕された職員には、次の知事選で私に対抗馬をぶつける政治的な思惑もあったようで、びっくりしました。

苦しい日々の中、旧知の森田宗一・元裁判官（少年問題の専門家）から手紙を頂きます。「慰められることより慰めることを、理解されることより理解することを、愛されることより愛することを私が求めますように」と記されていました。

イタリア中部アッシジのカトリックの聖人フランシスコに由来する祈りの言葉です。実行は難しいですが、その後もさまざまな局面でこの言葉を思い起こしています。

## ノーマライゼーション

知事職の12年間を支えてくれた道職員には、今も感謝しています。思い出深い知事時代のことで、これまで触れていなかった点があります。まず、スポーツ振興です。私は中学2年の時に足を骨折した後遺症のため、自ら体を動かすことはありませんでした。それが、知事になって、スポーツの素晴らしさを実感することになります。

89年の第44回国民体育大会（はまなす国体）は、冬、夏、秋にわたり、道内43市町村を会場に42競技が開かれた史上4回目の「完全国体」。平成に入って初めての国体でした。国体の各競技も感動的でしたが、深く印象に刻まれたのは、良い指導者がいれば子どもは大きく伸びるということ。競技会場に決まった地域には、指導のため優れた教員が着任し、部活動やスポーツサークルに力を入れます。すると何年後かには、その種目で全国レベルの選手を輩出するようになりました。

指導者が大切なのはスポーツに限りません。たとえば合唱や作文も同じです。その分野で実績を残した教員が異動すると、今度は転勤先の学校が強くなります。それほど指導者の力は大きく、子どもの潜在力を花開かせることができる。教育の重要性はいくら言っても言い尽くせないと思いました。

文化振興では、知事3期目の公約に北海道文化基金の創設を盛り込みました。94年6月に基金を設け、11月に道と道教委が「北海道文化財団」を設立します。基金の利子を活用し、道民の文化活動を支援する仕組みをつくりました。

福祉行政で私が最も重視したのが、福祉の基本であるノーマライゼーションの考えを広めることです。人間社会には、子どももお年寄りも、男性も女性も、健康な人も病気の人も、ハンディを持つ人も持たない人もいる。多様な人たちが地域で一緒に暮らすことがノーマル（普通）な社会という発想です。

83年の知事就任時、道内の障害者は人口の7％、約35万人いました。うち知的障害者は2万4000人ほど。道は全国に先駆けて「生活寮」をつくりました。職業訓練を受け、施設外の企業へ生活寮から通う。その後、地域で借りたアパートなどから企業へ通い、自活する取り組みです。現在、全国に広がるグループホームの原型となりました。

さらに、総合的リハビリテーションシステムの構築にも取り組みました。人が生まれて亡くなるまでの各段階に応じ、福祉、保健、医療、教育、労働などのサービスを総合的に提供する仕組みです。重要なのは早期発見、早期療育のシステムと、相談に応じる体制の整備でした。

福祉の問題は、競争原理が貫徹した社会の中に、どのように違う原理の社会をつくるかです。みんなが一緒に走るのではなく、少し遅れて走ってくる人を受け入れることが大切です。

## 再び国会へ

知事3期目が始まった91年頃から、中央政界復帰を求める声が少しずつ聞こえてきます。自民党が政権から転落する93年の総選挙前には、ひそかに知事公館を訪れた日本新党の枝野幸男、前原誠司、荒井聡の各氏らに「知事を辞めて衆院選へ出てほしい」と要請されたこともありました。

94年10月、社会党道本部主催の政治セミナーで、私と社会党の久保亘書記長、連合の後藤森重副会長(自治労委員長)によるパネルディスカッションが開かれます。要は社会党へ戻り、リーダーになれという話です。

私は社会党左派の社会主義協会が主張したソ連型社会主義ではなく、ヨーロッパ型社会主義を目指すリベラル勢力の結集が必要だと思っていました。自民党と新進党に対抗する第三極のうねりをつくることが大きな目標です。もともと知事は3期で辞めるつもりでした。後継知事は道庁内で話を聞いても「堀達也副知事が適任」との見方が大勢を占めていましたしね。

知事を退任する直前の95年2月、私と、仙谷由人、海江田万里、鳩山由紀夫、高見裕一、五島正規の5氏で政治集団「リベラル・フォーラム」をつくります。この時、秋元雅人、松本収両氏が北海道から来てくれ、事務局を担ってくれました。それから半年間で、北海道を皮切りに全国15地域で集会を開き、これを機に道内では「新しい風・北海道会議」が発足します。

私たちが唱えたのは「市民が主役の政治」です。何でも公的部門が責任を持つ「大きい政府」でも、市場を重視する「小さい政府」でもなく、非政府組織（NGO）やNPOといった市民セクターを大事にする考えです。公的セクターをベースに、選択的、補完的に市民セクターと市場セクターを活用する。三つのセクターが連携して国全体を運営し、社会保障問題などに対応するビジョンを示します。

96年4月には新しい政治勢力結集を図る地方政党などの全国組織「ローカル・ネットワー

ク・オブ・ジャパン」（略称・Jネット）を結成。中央政界の受け皿として「市民が主役」を理念とする「民主党」ができ、鳩山由紀夫、菅直人の共同代表制で船出をしました。副代表に就いた私は96年10月の総選挙で道1区から出て当選し、衆議院議員に復帰。民主党は私を含め52人が当選します。

私は民主党が自民党、新進党に対峙《たいじ》するには、民主リベラル勢力の総結集が必要と考え、さきがけや社民党からも、できるだけ大勢が参加することを望んでいました。しかし、鳩山氏は武村正義元官房長官らの合流を認めない、いわゆる排除の論理を持ち出します。さきがけからの参加はほとんどなく、残念な出発となりました。

さらに98年4月27日、民主党と民政党、新党友愛などが合流して新しい民主党を結成し、自民党に代わる政権を目指す一歩を踏み出します。

## 自衛隊派遣

新しく結成した民主党で、私は総務会長を務めます。力を入れたのは97年発足の「市民がつくる政策調査会（市民政調）」で、NGOやNPOの声を聞いて課題を洗い出す作業です。これを立法化する民主党内の組織として、98年に市民政策議員懇談会をつくりました。

私は懇談会会長として、議員立法や改正案作りに携わります。交通バリアフリー法案や児童虐待防止法案、ハートビル法改正案など。国会で本会議や委員会があるとき以外は毎日休まず議論し、みんな生き生きと活動していました。各議員が幅広い政策分野を勉強したことは、後の政権交代にもつながります。

99年9月の民主党代表選への立候補を決意したのは、巨大与党の自自公への対抗軸を明確にしたいとの思いでした。菅直人代表、鳩山由紀夫幹事長代理の一騎打ちだと「党内対立が激しくなる」というのも、出馬を促す声としてありましたね。

訴えたのは憲法9条を守り、対米、対アジア、対国連外交のバランスを取る。市場第一の競争効率社会から協力協働の社会へ移行し、格差を是正するなど、今から見ても正しい方向性だったと思います。2017年秋にできた立憲民主党では、その点がより明確になっていると感じます。

しかし、当時の民主党にはさまざまな潮流が流れ込み、「市民が主役」という結党理念が弱まりました。決定的だったのは小泉政権時の01年、アフガニスタン派遣を巡る党内対応です。テロ特措法には反対し、自衛隊派遣承認の採決には賛成する分かりにくい方針でした。

戦後初めて本格的に自衛隊を海外に派遣する法律です。戦死者が出るかもしれない。そんなことは二度としないと決意したのではないか。許すわけにいかないと私は採決で反対します。自民党からも野中広務、古賀誠両氏が退席し、自由党も反対しました。民主党は、私も含め衆参28人の議員を処分します。

まもなく自由党の小沢一郎代表から「自分も自衛隊の海外派遣には反対だ。意見交換したい」と提案がありました。私が82年、鈴木善幸首相に「国際協力のために自衛隊と別組織をつくってはどうか」と質問したのを覚えていたのかもしれません。

01年に小沢氏と合意した内容は▽自衛隊は専守防衛に徹し海外派遣しない▽国連協力組織をつくり、国連決議に基づく国連の活動に協力▽協力組織は自衛官、警察官、医療関係者などからなるチームをつくり、国連の指揮下で活動▽参加の有無、形態、規模は日本が主体的に判断――というものです。

これを機に、03年9月に民主党と自由党は合併します。小沢氏は不思議な人です。民主党の政権奪取に大きく貢献しましたが、政権崩壊も小沢氏によるところが大きかった。現在の政治状況でどう動くのか、注目しています。

## 衆議院議長　重い責務

05年9月の衆院選後、副議長に就き、09年には議長に就任しました。議長、副議長の仕事は何より国会運営です。国会は国権の最高機関で、三権分立の下、民主主義国家としての責務はとても重い。行政のチェック、国民の自由と基本的人権をしっかり守る必要があります。森友・加計《かけ》学園問題で、財務省が国会にうその報告をしたことは極めて大きな問題です。

副議長の時に参院で野党が多数を占め、国会運営は難航を極めます。私が議長の時も同じ事態に陥りました。河野洋平議長時代の年度末には法案処理のため、衆参の議長と副議長が協議して解決したことも。河野氏には間近で議長の職責を教えていただき、衆議院事務局にも8年近くにわたり助けられました。

もう一つの大きな仕事は、国内の重要行事です。私は6月23日の沖縄慰霊の日、8月6日の広島原爆の日、9日の長崎原爆の日、15日の戦没者追悼式には毎年必ず出席しました。

外国との交流も大切です。議長として主要8カ国下院議長会議（議長サミット）など国際会議に出席。11年の東日本大震災以降は世界186カ国から支援を受け、お礼と復興状況、福島原発事故対応を説明しました。

副議長時代の08年、ポーランドのアウシュビッツ収容所を初めて訪れ、ヒトラーによるユダヤ人の大量虐殺現場を回ります。遺骨や遺髪など残された展示品を直視することができませんでした。ガイドに尋ねると、ドイツやイスラエルの訪問者が多いそうで「日本からはあまり来ませんね。特に政治家は」と言われてしまいました。

当初の訪問の目的は、ポーランドとドイツの歴史教科書対話の調査のためです。国連教育科学文化機関（ユネスコ）は「戦争は人の心の中で起きる。心の中に平和の砦《とりで》を築くべきだ」と唱え、自国中心主義ではない共同教科書作りを橋渡しします。日本も中国や韓国との間で取り組むべきだと痛感しました。

チェルノブイリ原発事故（86年）が起きたウクライナへの公式訪問は11年9月。事故の影響による死者は数千~数十万人と諸説あります。原発は石棺で覆われましたが、近郊のプリピャチ市はいまだに放射線量が高く、「歩くのはコンクリートの上だけ。草むらに入らないで」と注意されるほどでした。

福島の事故まで、日本政府は「チェルノブイリは安全体制が整っていない旧ソ連だから起きた事故」として無視してきました。12年4月、ウクライナの非常事態相が来日し、ようやく国会で原発事故に関する協定を結びます。事故対応など、発生直後に役立つ教訓や情報があったのに残念なことでした。

12年秋の南アフリカ訪問も忘れがたい。反アパルトヘイト（人種隔離）闘争を率いた故マンデラ元大統領の演説を聞き、若い頃に涙を流したことを思い出しました。

## 天皇陛下のお心遣い

衆議院議長に就いた09年以降、皇室関連行事への出席が増えます。歌会始、講書始、春分の日と秋分の日の儀式、平成の天皇陛下と皇后陛下の誕生日の儀式、春と秋の園遊会、全国植樹祭など、数え上げれば切りがありません。新年祝賀の儀には夫婦で参列し、私は衆議院議員一同を代表して祝詞を述べました。

思い返せば知事に就任した83年の秋の園遊会では、昭和天皇から「北海道は冷害で大変でしたね」と、ねぎらいのお言葉を頂いたこともありました。

国会関連では首相交代のたびに任命式が行われ、国会開会式には天皇陛下が毎回出席されます。国会が終わると議長の私は報告へ伺い、その時は陛下と一対一で自由な会話がで

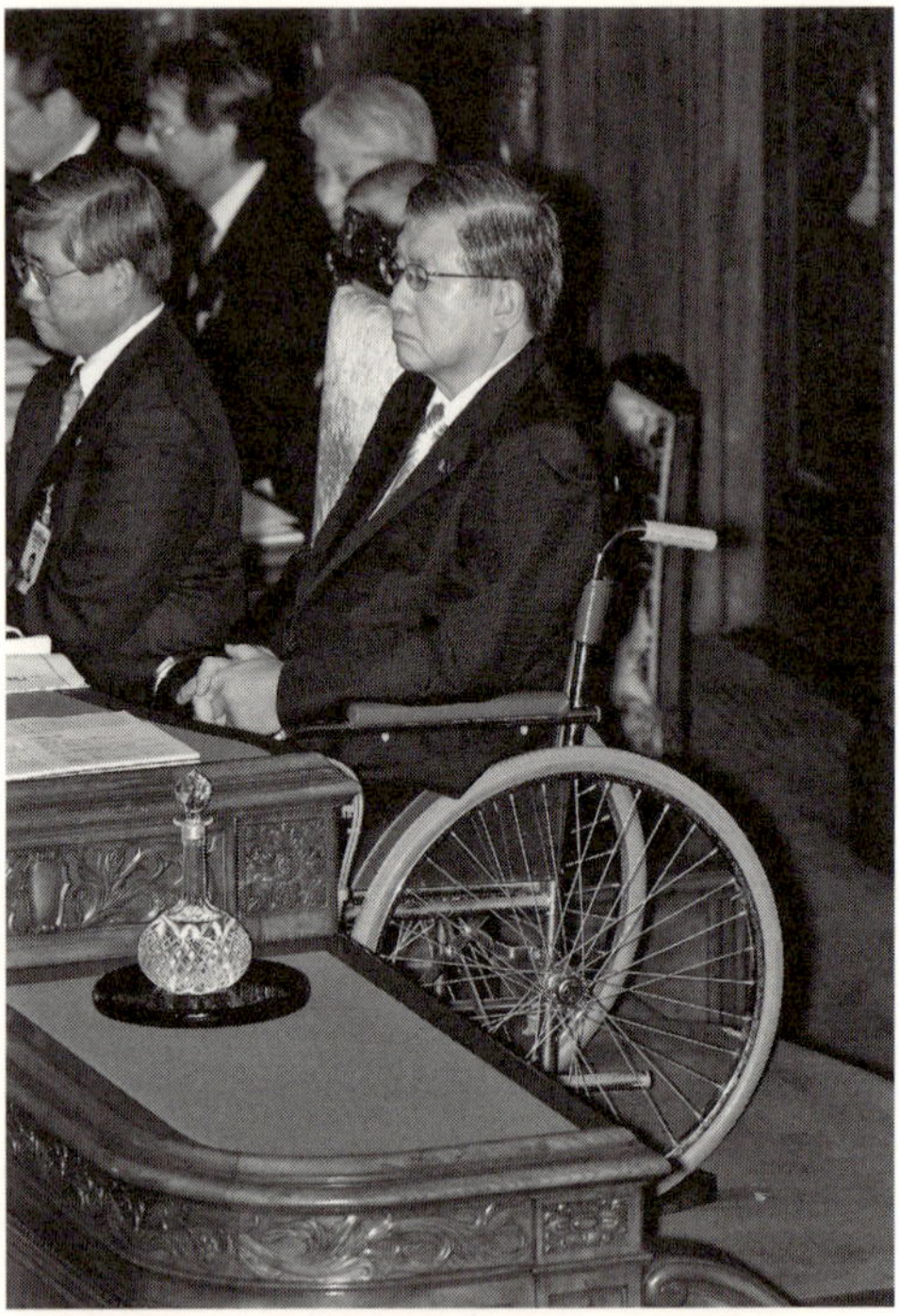

足を骨折し、衆議院議長席で車いすに乗る

きます。やりとりの内容は話せませんが、陛下は最も憲法を大切にされている方だということです。

その陛下をはらはらさせたことがあります。10年3月、私は東京の赤坂議員宿舎で転んで左大腿《だいたい》骨を折り、都内の病院に入院。しばらく病院から国会へ通いました。議長席の階段の特製スロープを使い、衛視3人の助けを借りて上ります。通常国会はそうして乗りきりました。

問題は参院選後の7月30日開会の臨時国会でした。私は議長として、参議院の壇上に上がり、陛下から国会開会の「お言葉」を両手で受け取り、そのまま後ろ向きに階段を下りなければなりません。妻の由美子がいろいろ工夫し、モーニングの右前の脇にループを縫い付け、そこにつえを挿して両手が使えるようにしてくれました。

無事に階段を下りた後、SP（要人警護の警察官）が「陛下が最後まで心配そうにご覧になっておられました」と報告してくれました。それ以降も、陛下にはお目にかかるたびに「どうですか」と気遣っていただきました。

両陛下は災害があると現地へ赴き、被害に遭った人々にやさしく接してくださいました。あの奥尻の地震の時も、お二人は避難場所の学校の体育館で膝を折り、被災者の目線に合わせて声をかけておられました。住民にとって、大きな力になったのではないかと思います。

忘れがたいのは、09年に東京・国立劇場で開かれた天皇陛下在位20年の式典です。陛下は、あの戦争で亡くなった人々への追悼と慰霊に力を注がれてきました。戦争を風化させてはならないとの強い思いからでしょうか。式典では私たちの席の後ろに、日本を代表する各分野の方々が座り、そこにNGO「ペシャワール会」の中村哲医師の姿があったのです。

中村氏はパキスタンやアフガニスタンで長年、医療支援とともに、かんがい用の井戸を掘り、荒れ野を緑の地に変えてきた人です。武力に頼らない活動が印象に残り、日本を代表する人として式典に招いたのでしょう。陛下の思いを強く感じました。

## 民主党政権の光と影

09年9月に政権交代が実現し、鳩山由紀夫氏が首相になりました。衆議院議長に就いた私のところには多くの障害者団体が来て、「国連障害者権利条約を批准する前に、国内政策を条約に沿った内容に変えてほしい」と言います。

そこで民主党政権は09年12月、障害者制度改革推進本部を作り、本部長には鳩山首相が就任。メンバー25人のうち14人が障害当事者で、10年から12年3月まで38回にわたり公開で議論しました。ようやく日本も「当事者のことは当事者で」という世界の流れに踏み込んだのです。

その中で、まず障害者基本法を変え、障害者の定義を広げました。症状が重いほど支払いが多いと批判された障害者自立支援法から、障害者総合福祉法へと改正。さらに、差別禁止と合理的配慮の必要性が柱の差別解消法の制定を目指します。障害のある子もない子も共に学ぶインクルーシブ教育や、障害者雇用を進め、権利条約は自民党政権下の14年に批准されました。

民主党政権も、やるべきことはやっていたことを理解してほしいと思うのです。

教育と科学振興予算、地方交付税交付金を増額し、公共事業と防衛予算を減らしました。景気対策は主に、公共事業、金融政策、個人への所得移転があります。サービス産業中心の日本は産業連関表による政府の分析でも、経済波及力と雇用吸収力は、公共事業より社会保障政策の方が効果的とされています。

この分析に基づき、年間4兆円の子ども手当や高校の授業料無償化を実現した結果、民主党政権3年間の実績は、総雇用所得、世帯当たりの消費支出や実質個人消費で、安倍政権下の17年時を上回っています。貯蓄ゼロ世帯は安倍政権で大幅に増え、1人当たり名目GDPは世界で17位から26位に落ちました。あまり知られていないことなので、伝えたいと思いました。

ただ、民主党は大事な時に「小沢一郎」対「反小沢一郎」の内部抗争で国民の信頼を失います。私も旧社会党の楢崎弥之助元衆議院議員に「組織崩壊の原因は外ではなく、内にあるものだ」と指摘されますが、双方の対立を解消することができませんでした。分裂の代償は大きく、返す返すも残念なことでした。

今、私は20年の東京五輪・パラリンピック時の障害者への対応を心配しています。02年の障害者インターナショナル（ＤＰＩ）世界会議札幌大会には３千人以上の障害者が参加しました。しかし、日本の航空機は外国と違い、車いすの人が乗れるのは１機最大４人。札幌まで来られない恐れが生じ、国に特例を認めてもらいました。バリアフリーではないホテルや旅館も多く、宿泊先の確保も大変。特に部屋と風呂場に段差があることが、本当に困りました。五輪開催まで残りわずか。対策が急がれます。

## 立憲民主党設立

野田佳彦首相が衆議院を解散し、12年12月に総選挙に突入します。大惨敗した民主党は再び野党へ転落しました。私も道１区で、初めて比例復活で当選する大苦戦を強いられます。道内で当選したのは私と荒井聡氏だけ。私は13年３月、民主党北海道代表に選出されました。

第2次安倍政権の14年12月、再び総選挙が行われます。実は心の中では政界引退を考えていましたが、札幌の後援会幹部に「後継候補を立てる余裕がない」と反対されます。そこで、これが最後と道1区から出馬。通算12回目の当選を果たします。

この時は15年4月の知事選に向け、候補擁立作業の真っ最中。民主党北海道代表の私は、意中の人を党の独自候補として擁立するつもりでしたが、他党との相乗りを考える人たちと意見が合わず、知事選直前の2月、責任を取り代表を辞任します。

16年3月には党名を変更して民進党が発足しました。17年10月の衆院選では、かつて私の秘書だった民進党の道下大樹道議が道1区から出馬します。ちなみに歴代秘書は東京が北岡和義、三田高司、山口修、四方喜代子、斉藤一枝、佐藤陽子、札幌は森敏捷、斉藤邦昭、佐藤克、三浦美知子、佐藤まゆみ、細川美智子、道下の各氏。日常活動、国会、選挙と大変お世話になった人たちです。

ところが、その道下氏の出馬に際し、大問題が起こります。民進党の前原誠司代表が、党最高顧問の私への相談もなく、希望の党の小池百合子代表と会談し、合流方針を決めたのです。

これはあまり表に出ていませんが、9月28日の民進党両院議員総会で私は最後に発言します。「こんな賭けのようなことはすべきではない。希望の党からの出馬を望まない人もいる。北海道だけでも分党を認めるべきだ」。前原氏は「安倍一強打倒のため全員で合流する」と言いますが、不安は的中。小池氏が「排除の論理」を掲げ、道内の民進党の候補予定者にも対抗馬を立てる動きを見せたのです。

こうなれば新党をつくるしかない。ところが急な話で準備は何もできていません。後に立憲民主党代表になる枝野幸男氏は迷っていました。枝野氏が電話で「北海道からは何人くらい新党に来るでしょうか」と不安そうに話すので、私は「心配しなくていい」と励まします。

立憲民主党を設立した反応は良く、私の支持者の一人は「孫が初めて投票権を持ったが、このまま票を入れる政党がないのではと思っていた。立憲民主ができてよかった」と言ってくれました。10月22日の投開票日に、道内では立憲民主党に党籍を移した8人が当選しました。

1996年に「市民が主役の政党」を掲げ、私と仲間たちで民主党を設立したことを思い出しました。憲法9条を守り、市民の声を聞いて政策を立案する。民主リベラル勢力の旗振り役を、新たにできた党が担い続けてくれることを期待しています。

## 家族、支援者に感謝

長い間苦労をかけた母は1916年（大正5年）生まれで、100歳を超えました。病と闘いながら、懸命にがんばっています。3人の子どもはそれぞれ結婚し、元気に暮らしています。

妻の由美子は福岡育ちで、北海道に初めて来てからは苦労したと思います。昔の自宅の暖房はペチカで、冬は午前4時ごろに起きて石炭を入れ、火をつける毎日。選挙の時はスタッフ10人が泊まり込み、朝夕の食事の用意だけでも大変でした。

私は子育ては妻任せ。その妻は山で子ども3人にスキーをさせ、円山公園の野外教室「仲よし子ども館」に連れて行くなど、頑張って育ててくれました。明るく元気で誰にでも気さくに声をかけ、すぐ仲良しになる。私はいつも妻から「もっと笑顔で」としかられていました。

ちょうど小学校の通学路に自宅があったので、妻は「えんどう豆文庫」という家庭文庫を作り、自らは英語の勉強を続けていました。新しい風の事務局、ユネスコ運動、高齢社会を良くする女性の会、種々の障害者団体と活動を続けてきました。

長年にわたり支えてくれた後援会のスタッフ

私は衆院選12回、知事選3回と、48年間で15回の選挙を経験しました。今日まで何とか来られたのは、妻のおかげ。これからはできるだけ穏やかに、2人で過ごしたいと思います。ありがとう由美子さん。そして彼女を支えてくれたボランティアの仲間たち。

本当にたくさんの人にお世話になり、その姿は今もまぶたに焼き付いています。歴代後援会長は石附忠平、佐野法幸、高田治郎、兼古哲郎、そして東京後援会長は竹田厳道、阿部武夫、阿部武彦の各氏。連合、農民連盟、商工連盟のみなさんにも助けられました。

また、一村一品運動に応えてくれ、全道

でともに活動した多くの仲間たち。北海道の町村名を聞くと、最初に浮かぶのはこうした人たちの顔です。札幌ライオンズクラブ、野人会《やじん》（大通小の同級生など同世代がメンバー）、新創会（中小企業経営者の団体）、YG会（ゴルフの会）の皆さんとも長い間、一緒に活動させてもらいました。

衆議院議員だった安井吉典先生には、いろいろな場面で優しく助言してもらいました。楢崎弥之助先生は国会質問の仕方、国立国会図書館の使い方、官僚との付き合い、酒の飲み方など多くのことを身をもって教えてくれました。いわば私の兄貴分です。先生の奥さまはミッション系の福岡女学院出身で、私の妻の先輩であることも親しくなった理由です。

そして、いつも私のそばで励まし、慰めてくれた友人が二人います。一人は司法修習時代に知り合った松林詔八弁護士。もう一人は啓明中学校時代の同級生で、会社経営者の池田修義さん。二人とも何でも相談できる気の合う友人で、家族ぐるみの付き合いでしたが、松林弁護士が亡くなって10年以上たってしまいました。多くの人との縁で生きてきた人生でした。

## 北海道の力

豊かな大地に恵まれた北海道は、今後も農林水産業を軸に食品、バイオ産業を発展させなければなりません。安全・安心な食べ物が一層求められ、観光産業もますます世界に向けて発展するでしょう。カジノの誘致は論外だと思います。北海道の資源は何かを考えるべきです。

北海道でようやく「内地」という言葉が聞かれなくなりましたが、今でも「北の果て」「寒い」「歴史や文化がない」という経済人や町村長がいます。

私が知事時代、放送タレントの永六輔さんが上川管内で「北海道は地球の真ん中」と話してくれました。欧米と地理的に最も近いのが北海道。流氷のおかげでオホーツクは豊かな海ですし、鎖国中の江戸時代は日本と中国をつなぐ山丹《さんたん》交易も行われました。宝物は地元にあり、今後も豊かな大地が基盤です。

北海道に関するエピソードを紹介します。榎本武揚は箱館（函館）で「蝦夷《えぞ》共和国」を創設し、新政府軍と戦いますが敗北。この時の軍事参謀はメキシコを経由して来日した仏陸軍士官ジュール・ブリュネでした。

榎本は敗戦後、命を助けられ、明治政府では外務大臣など要職を歴任。榎本が初めて日本から移民を送った国が、ブリュネと関わりが深いメキシコでした。不平等条約の是正に取り組み、最初に平等条約の締結に応じてくれたのもメキシコ。感謝した榎本は、衆議院議長公邸の隣の土地をメキシコ大使館の用地として提供します。私は衆議院議長の時にその経緯を知り、遠い時代の北海道との縁がこんなところにもあるのかと思いました。

カール・レイモンさん（１８９４～１９８７年）は函館で独自のハムやソーセージを製造しました。世界各地を旅した彼は、19年（大正8年）に函館で日本人女性と知り合い、3年後に結婚。もともと欧州統合を目指していた彼が、函館で見た夜空をヒントに考案したとされる紺地に金色の星の図案は、欧州連合（ＥＵ）のシンボル「12星旗」のデザインのベースとなりました。

知事だった私は85年、レイモンさんに道の産業貢献賞を差し上げました。その後、欧州連合は統一を果たします。今もＥＵ旗を見るたびに、北海道とのつながりを感じます。

私が知事として利尻島を訪れた際に読んだのが、作家吉村昭さんの著書『海の祭礼』です。この本で紹介されたラナルド・マクドナルドは、日本初の英語教師とも言われています。彼は母親がアメリカ先住民の部族長の娘で、母と同じ先祖が日本にいると信じ、捕鯨船から小舟に乗り利尻島に密入国します。
アイヌの人たちに助けられ、続いて移された長崎でオランダ語通訳に英語を教え、この中から森山栄太郎ら、米国のペリー提督の来日時に交渉役を務めた人材が生まれます。北海道は世界とつながっていることを、特に若い人には意識してほしいと思います。

## 若い人たちへ

私はどんな国でも体制でも、人々が安心して暮らすには二つのことが必要だと思います。何より平和であること。それから仕事があって、一生懸命働けば生活でき、結婚や子育てができ、老後も安心できることです。

日本は戦争の反省と、広島、長崎への原爆投下の衝撃から憲法9条を制定します。この規定によって、国際紛争には軍事介入せず、わが国が侵略された時のみ軍事力で防御することが原則となりました。

安全保障はともすると軍事力を強め、抑止力を高めようとします。ただ、軍事力を強めると相手も強化し、かえってマイナスになる。これが安全保障のジレンマです。他国との信頼関係が大切なのは、こうしたジレンマに陥らないためなのです。

私は知事3期目の93年、旧西ドイツのシュミット元首相からこんな話を聞きました。

「自分はフランスのジスカールデスタン大統領と月に1回、会うか電話をした。西ドイツで大事な発表をする時は、事前に連絡もした。私が退任後もコール首相とミッテラン大統領は同じ関係を続けた」

「東西ドイツ統一の際、イギリスのサッチャー首相は『ドイツが大きくなりすぎる』と反対したが、ミッテラン大統領は『昔のドイツではない』と賛成に回り、統一が実現したんだ」

そしてシュミット氏から「横路さん、指導者同士の信頼関係がなにより大切だ。今の日本に、アジアで本当の友人はいますか」と言われました。

旧西ドイツのワイツゼッカー大統領による敗戦40年目の「荒れ野の40年」という演説の一部を紹介しましょう。今の私の気持ちは、この演説に込められています。

ドイツ人だからというだけで、罪を負う訳ではない。だが、先人は重い遺産を残した。罪があってもなくても、老いも若きもわれわれ全てが過去を引き受けねばならない。問題は過去を克服することではない。後になって過去を変えたり、起こらなかったりすることはできない。過去に目を閉ざす者は、結局のところ現在にも盲目になる。

ヒトラーは常に偏見と敵意、憎悪をかき立てるよう努めた。若い人たちにお願いしたい。他人への敵意や憎悪に駆り立てられてはならない。対立ではなく互いに手を取り合って生きていくことを学んでほしい。自由を重んじよう。正義を自らの支えとしよう。

（要約）

やはり、政治を変えなくてはなりません。私は今までの経験を生かし、これからも日本国憲法と日本の歴史について、できる限り若い人に話をしていきたいと考えています。

# 第2章　過去・現在・未来

北海道新聞　1942年10月29日第3種郵便物認可　©北海道新聞社 2016　第26413号（日刊）

# 横路氏 衆院選不出馬へ

## 通算12期 元道知事

民進党の横路孝弘元衆院議長(75)＝衆院道1区（札幌市中央、南、西区）＝が、次期衆院選に出馬しない意向を固め、後援会や支援する労働組合の幹部に伝えたことが分かった。後継者は未定で、後援会や党道連、連合北海道を軸に擁立作業を進めるとみられる。複数の関係者が明らかにした。衆院議員を通算12期、道知事を3期務めたベテラン議員が引退すれば、道内の政界地図は大きく変わりそうだ。

横路孝弘氏

4月下旬に札幌市内で開かれた労働組合関連の会合で、関係者に不出馬の考えを伝えた。高齢などの理由に加え、7月に予定される参院選に合わせて、安倍晋三首相が衆院を解散し「衆参同日選」とする案が取り沙汰される中、早めに自らの去就を明らかにすることで、スムーズに後任の擁立作業を進めるためとみられる。ただ、後継者には民進党道議らの名前が挙がるが、調整は難航も予想される。

横路氏は弁護士出身で、1969年、衆院議員だった父・節雄氏の急逝により、旧北海道1区から社会党公認で出馬して初当選した。「社会党のプリンス」と呼ばれ、5期連続で当選。83年4月の道知事選に出馬し、草の根組織「勝手連」の支援を受け当選した。知事を3期務めた後、96年10月から再び衆院議員として国政に復帰し、比例復活も含めて7期連続で当選した。

鳩山由紀夫、菅直人の両元首相らが主導した、96年9月の旧民主党結党にかかわり、鳩山氏と菅氏が共に代表に就くと、横路氏は副代表を務めた。2005年から衆院副議長、09年の政権交代に伴い、衆院議長に就任した。昨春の道知事選に向けて独自候補を擁立できなかった責任を取り、昨年2月に民主党北海道代表を辞任した。

2016年
5月20日
金曜日
小満《しょうまん》

発行所
北海道新聞社
〒060-8711 札幌市中央区大通西3丁目6
電話011-221-2111
dd.hokkaido-np.co.jp
読者センター
011-210-5888
（日曜・祝日除く9時～18時）
ご購読申し込み
0120-464-104

▼オホーツク海側
真夏並みの暑さ
33

政界引退を報じる2016年5月20日の北海道新聞朝刊

北海道知事、衆議院議長在任中のさまざまな出来事の回顧録に加え、重要な式典や会合でのあいさつ、後援会機関紙やブログでの活動報告、講演などを採録しました。人物の肩書や政党名などは当時のままとしています。

# 平和を願って

## ❖沖縄全戦没者追悼の辞

本日ここに、沖縄全戦没者追悼式が挙行されるにあたり、謹んで追悼の言葉を申し上げます。

65年前、沖縄の地で激しい地上戦が繰り広げられ、多くの方がいのちを落としました。ここ、平和祈念公園の「平和の礎」には、民間人や軍人、敵味方、国籍の別なく沖縄県民約15万人、県外国外を含め24万人余の戦没者のお名前が刻まれております。お一人おひとり、無残にいのちを断ち切られて、それぞれどんな思いだったろうと想像するとき、わたしは胸にこみあげるものを禁じえません。

わたしと同じふるさと、ことのほか多くの北海道出身の兵士も沖縄で眠っています。

年々、戦争を肌身に知る世代が少なくなっていき、ほとんどが戦争の記憶のない世代になっていくとき、わたしは平和の大切さを語り継いでいく、ますます重い責任を感じるのです。

いま沖縄には、米軍基地の75%が集中して存在しています。私たちは、本土よりもはるかに重い負担を沖縄のみなさんに担っていただいてきたことに、申し訳なく思ってまいりました。占領下にあって、「銃剣とブルドーザー」によって、沖縄の基地がつくられた歴史を思い出さないわけにいきません。

本土復帰38年、日本国憲法の平和の理想のもとに、何としても、沖縄の基地を縮小し、沖縄のみなさんの負担軽減に向けて、政治が、具体的成果をあげていかなければなりません。いくたび政権が変わっても、沖縄の負担が変わらなければ、これはヤマトーンチュとウチナーンチュの差別だと受け止められても申し開きようもありません。沖縄の青い海、青い空、さんさんと降り注ぐ太陽の光の下に立って、私は改めて真剣な努力を誓いたいと思います。私たちが取り組むべき課題は、多くあります。普天間基地の移転について、この間、沖縄の心を振り回した経過は、遺憾に思うところであり、衆議院を代表する私の立場からも、大きな責任と課題を感じております。

衆議院はすでに沖縄県民の筆舌に尽くし難い米軍基地の過重負担について、在沖縄米軍基地の整理、統合、縮小、移転について、全力で取り組むことを決議しています。

日米地位協定は一度も改正されないまま50年が経過いたしました。刑事裁判権や捜査権をめぐる問題などは、もはや運用改善ということでは解決できません。抜本的改正が必要であります。

安全保障上の国際環境も刻々と変わっていきます。さきの日中首脳会談で、両首脳の間にホットラインが設けられることが決まりました。また防衛当局間でも海上の連絡メカニズムのためホットラインの早期創設についても一致したところです。

「命《ぬち》どぅ宝」、ひとびとがいつくしみあって暮らす、長生きをことほぐ島沖縄は、お互いがお互いを疑う「抑止力の島」ではなく、「平和を発信する島」にふさわしいのです。本日、私は戦没者の魂安かれと願うとともに65年前の戦没者が私たち、生きているものに願ってやまないこと、「永遠の平和」のためにがんばることをお誓いして、追悼のことばといたします。

平成22年6月23日

衆議院議長　横路孝弘

（沖縄全戦没者追悼式　２０１０年6月23日、糸満市・平和祈念公園）

## ❖全国戦没者追悼の辞

天皇皇后両陛下のご臨席を仰ぎ、全国戦没者追悼式が挙行されるにあたり、謹んで追悼の辞を申し述べます。

あの日、真夏の太陽がカッカと照りつけ、セミがしきりと鳴いていた、烈日の下に戦争に敗れたことを知らされたと、ある作家は書き残しています。それから65年の歳月が経ちました。

太平洋の海原で、アジアの山野で、シベリアで、広島長崎沖縄で、そして空襲下の国内各地で、300万余りの同胞が亡くなられたことを思い返すとき、その痛ましさにいまなお胸にこみあげるものを禁じえません。近隣諸国あわせて、2000万人といわれる犠牲者の方々。その惨禍の大きさに茫然自失するほかありません。

国の内外すべての戦禍に斃れた方々の御霊に衷心より哀悼の誠をささげますとともに、最愛の肉親を失い、悲しみと苦難の戦後を生き抜いてこられたご遺族のみなさまに、お悔やみを申し上げます。

戦没学生の手記を編んだ『きけわだつみのこえ』の本のなかに、「死んだ人びとは、還ってこない以上、生き残った人びとは、何が判ればいい、？」という言葉があります。

私は、戦没者240万人のうち、まだ115万柱もの遺骨が故国へ戻ってきていないことに心が痛みます。北の冷たい大地に、南のジャングルに、いまなおどんな思いで眠っておられるのでしょうか。激戦の硫黄島では、2万余りの戦死者の、まだ6割の遺骨が灼熱の洞窟の中で、そのままになっています。

国家が始めた戦争で国のためにたったひとつの大切な命を失った方々の遺骨は、かなう限り故国に戻っていただかなければなりません。それは国の責任です。わたしたち生き残った者の責任です。そのためにわたしたちは全力を尽くすことをお誓いいたします。

今日の世界では、なお民族や宗教を背景とする紛争が絶えることなく続いています。核の脅威、テロの脅威にさらされています。

しかし、わたしたちは生き残った者の責任として、永久平和へのたゆみない歩みを続けなければなりません。最大の核保有国である米国のオバマ大統領が昨年4月、プラハで「核兵器のない世界」をめざす演説をしたことは画期的なことでした。今年8月6日の広島の原爆の日には、潘基文国連事務総長が参列いたしました。「地位や名声に値するのは核兵器を持つ者ではなく、これを拒む者」だと述べ、「核兵器のない世界」の夢の実現を語りました。

世界はいま、わずかながら、戦争のない世界への希望の灯がともったように思われます。その灯をさらに輝かせること、それに向けてわが国が一歩一歩努力していくこと、それがさきの大戦の戦没者の遺志を継いでいくことにほかならないと思います。

時はともすると、人々の記憶を奪ったり、惨禍を美化したり、真実を覆い隠したりします。今日、この日は、日本国民があの戦争の歴史を忘れ去ることのないように、そのためにあるのです。

日本国憲法の平和の理念を改めて胸に誓い、戦没者の御霊の安からんことを祈って、追悼の言葉といたします。

平成22年8月15日

衆議院議長　横路孝弘

（全国戦没者追悼式　2010年8月15日、東京・日本武道館）

## ❖沖縄と旭川第七師団

私が沖縄を初めて訪問したのは1970年8月の暑い夏で、初めての沖縄の国政参加の選挙のときでした。

地元の人から、北海道の亡くなった兵士のための慰霊碑があるから行かないか、と言われて、北霊碑を参拝したのです。その時初めて北海道の兵隊が他県より圧倒的に多く、1万8000人も戦死していることを知りました。

当時の旭川第七師団に所属し、中国大陸に派遣されていた兵隊が、沖縄戦のために移されたのです。また南北之塔として、沖縄の地元の人々が建立された碑が畑の中にありました。これは北海道の兵隊の中の特にアイヌ民族の兵隊が、現地沖縄の人々に優しく、助けてもらったという温かい交流があって建立されたものです。

そして北霊碑を含めて、これらを守ってくれていたのは、現地沖縄の年配の女性でした。毎日掃除をしてきれいにしてくれていたのです。知事の時、お会いして心からの感謝の気持ちを伝えました。

これをきっかけに、旭川第七師団のことを調べましたところ、北海道の若者が明治、大正、昭和と国策に基づく中国侵略や太平洋戦争のときに世界各地へ出兵し、多くの戦死者を出していることが分かりました。

日露戦争の時の２０３高地の戦いは、最後に突撃し占領したのが第七師団の兵士たちでしたが、多くの戦死者を出したのです。第一次大戦後も、当時の満州防護のため主要地区に駐留し、その後シベリア出兵、徐州作戦、ノモンハンと戦い、その後の太平洋戦争へと進んでいったのです。

ガダルカナルの戦いで旭川第七師団の一木支隊はほぼ全滅、アッツ島の玉砕もそのメンバーの30％強は旭川第七師団です。西太平洋のメレヨン島では地上戦はなかったのですが、１年半で６８００人の日本兵のうち５２００人が餓死しました。その30％が北海道の部隊でした。ニューギニア、沖縄など、敗戦までアジア、太平洋と広範囲に及んだのです。

大本営にとって「粗食に耐え、寒さに強い」兵隊として使いやすかったと近現代史研究家の保阪正康さんは指摘しておられました。

そして戦後初めてのイラクへの自衛隊の海外派兵、それが旭川の師団だったのです。驚きでした。そのとき「元気で帰って来いと大きな声で言えるだけましか」と言われたものです。

1874年（明治7年）の台湾出兵から1945年の敗戦まで71年間、15回の出兵、日清戦争、日露戦争、日中戦争、太平洋戦争と戦争に明け暮れた明治憲法の時代。それに比べて戦後の70余年は、1人の戦死者も出さず、1人の外国人も国家として殺すことのない時代でした。

平成の天皇が「平成の時代は戦争のない時代でした」としみじみと述懐されておられたのも、お気持ちが込められておられました。

沖縄の平和の礎《いしじ》には、当時の212市町村の名と共にお一人お一人の兵士の名が刻みこまれています。北海道の歴史の中で、忘れてならないことです。

（2019年5月）

## ❖日本国憲法の現状について

今年（２０１７年）は戦後72年。この間、日本は1発の弾丸も撃たず、1人の戦死者も出しませんでした。こうした国は世界でも稀《まれ》であり、誇るべきことです。

あの戦争の終わったとき、平和が何より大切、戦争は二度といやだとすべての国民が思ったのです。その時、臥薪嘗胆《がしんしょうたん》アメリカに復讐しようと考えた国民は、ほとんどいなかったと思います。憲法9条の下で「戦争を行わない」「戦争に参加しない」「海外で武力行使はしない」「国際紛争に軍事介入しない」ことを原則に、日本は外交安全保障政策を進めてきたのです。

専守防衛に徹し、近隣諸国と友好関係を保ち、政府開発援助（ＯＤＡ）や草の根支援、青年海外協力隊の派遣、災害救助や武器の海外輸出禁止など、世界各地でそれぞれの国のために非軍事分野で貢献し、平和国家として世界に認められてきました。

しかし、この戦後72年間の平和と民主主義は、いま音をたてて崩れかけようとしています。

安倍政権は戦後レジームの解体、脱却を掲げて登場し「美しい国、日本」「日本を取り戻そう」をスローガンに「占領軍によって作られた憲法や教育基本法、そのうえに培われた精神を見直し、真の独立の精神を取り戻す」としています。

そしてまずやられたことは「国家安全保障会議の設立」「特定秘密保護法の制定」「NHKを支配下に」「集団的自衛権の行使容認」「海兵隊（上陸部隊）の設立」「敵基地の先制攻撃をめざす」ということです。

考えてみると、戦前日本が戦争への道を歩むなかで進めてきたことは、第一に教育教科の軍事化です。国家のために死ぬことを子どもに教えてきたのです。第二に情報の国家管理が強化され、出版法や軍機保護法などで表現の自由が抑圧され、自由にものの言えない社会となりました。第三に弾圧の強化です。治安警察法や治安維持法が制定され、政府に抗議したり、施策に反対することが取り締まりの対象となりました。第四に五・一五事件、二・二六事件やテロが行われ、軍事独裁の国家体制ができました。そして戦争への道を進んで行ったのです。

安倍総理のやってきたことと、戦前の日本の戦争への道を比べてみてください。まさに、いつか来た道であり、大日本帝国の姿が浮かび上がってくるのです。安倍総理は、祖父である岸信介氏を大変尊敬しています。その岸氏には「名にかえて　このみいくさ（聖戦）

の正しさを　来世までも語り残さむ」という歌があります。安倍総理は、決してこの間の戦争を侵略戦争だったと認めていないのです。「正しい戦争だった」と考えているのです。「過去に目を閉ざす者は、現在にも盲目となります。非人間的な行為を心に刻もうとしない者は、またそうした危険に陥りやすいのです」という、ドイツのワイツゼッカー大統領の演説を思い出します。

安倍総理は、就任以来「私が総理だ、総理大臣である私が言っているのだ」とか「私が最高責任者だ、私の言うことがわからないのか」などと発言し、そのうえ、閣議決定で憲法の解釈も、武器輸出政策も、エネルギー政策も、過去の経過や積み重ねを無視して自由に変え、自由に決めることができるとしています。

いまや法治国家ではなく、国会も憲法も法律もない独裁国家の如くです。安全保障関連法案で10本の法律を1本にまとめたことは、ヒトラーが政権把握のためにやったやり方と同じで、麻生太郎元総理が以前ヒトラーに学べといったことを実践しているのです。最近の安倍総理について「だんだん東条英機に似てきた」とか「軍服を着ているのではないか」という文化人がおられますが、情けないことです。

戦後日本の問題は、戦争の総括を政府が行わず、東京裁判で終わりにしたことです。日中戦争が拡大し、ノモンハンで大敗北した後に、なぜアメリカとの戦争に突入したのか、途中でやめることができなかったのか、ポツダム宣言（1945年7月26日）をすぐに受諾すれば、ソ連の参戦も、広島や長崎への原爆投下はなかったのではないでしょうか。

731部隊、南京事件、従軍慰安婦、特攻隊、玉砕、インパール作戦など、その責任も明らかにされず、あいまいなまま済ませてしまったことが、今日の日本の状況を生み出しているのです。いまや日本の平和と民主主義が存立危機なのです。

私たち政治の責任の重さをかみしめながら、頑張っていきたいと決意を新たにしていきます。

（2017年）

## ❖表現の自由と今の日本

最近の日本社会は、どうしてこんなに変わってしまったのだろうか、いやそうではなくてこれが日本人であり、日本社会であろうかという多くの疑問をもつ、いろいろな出来事がありました。

安倍総理は「戦後レジームの解体」と主張していますが、戦前の日本社会はどうだったかと言いますと、日中戦争が始まるころから、特に基本的人権に関する取り締まりが強くなりました。例えば思想犯保護観察法、不穏文書臨時取締法、映画法、言論・出版・集会・結社等臨時取締法、新聞紙等掲載制限令、新聞事業令といったような治安維持法をベースとした、このような法律が次から次へとできて戦争に突入していったのです。戦争についての情報をまったく国民は知ることなく、いわば軍と特高警察のもとでの自由しかなくなったのです。そういう社会を反省して戦後、本当の民主主義社会をつくろうということで、今の憲法は思想・良心・信教・表現の自由そして検閲の禁止などの基本的人権は永久に侵されることがない権利であると明記し、戦後の日本が民主主義国家としてスタートしたのです。

しかし最近おきていることは、心配でなりません。本来、自由であれば原発や戦争や高齢者社会などのことをテーマに俳句に詠《よ》んだり、小説を書いたり、映画を作ったりするのは当然のことです。そのあたりまえ当然のことが今や危険にさらされているのです。

例えば、さいたま市の公民館で開かれている俳句サークルで同市の女性会員が詠んだ、「梅雨空に『九条守れ』の女性デモ」という、秀句に選ばれたこの一句を、公民館が通例である月報への掲載を拒んだというのです。世論を二分するテーマの作品は月報にそぐわないという理由です。憲法99条は「公務員はこの憲法を尊重し擁護する義務を負う」と規定しています。それを公民館の一判断で、市長も支持しているからと言って、掲載を見送った上に、更に掲載する文芸作品の基準をつくろうとしているのです。基準というのは結局は、政府のやっていることを支持するテーマが良くて、反対するテーマはダメということにしかなりません。戦争に反対するのはダメで、戦争賛美は良いということになったら、いったい日本の民主主義はどうなるのでしょうか。

戦前も特高による「新興俳句弾圧事件」があり、戦争を風刺していた俳人が、次々と治安維持法違反で捕まったのです。やはり私どもは、自分の思いを自由に発表できることが必要で、大事なことではないかと思います。

今年（2014年）8月の広島市の土砂災害でおきたことですが、災害の起きた場所に空き巣が入りましたらその後、ツイッター上に、「空き巣に入ったのは在日朝鮮人だ」「火事場泥棒は朝鮮人・中国人の国技みたいなもの」という書き込みが行われ、こういう流言蜚語《ひご》が飛び交って広がったということです。こういう誹謗中傷に若い人がすぐに信じて飛びついているのです。全く事実でないことが広がっていくことは本当に問題です。

1923年（大正12年）9月1日の関東大震災後に、朝鮮人や労働運動の活動家などの大虐殺が行われましたが、「朝鮮人が放火している」「井戸に毒が盛られている」というデマが流され、自警団を中心に警察や軍隊等の手によって行われました。

こういった特定の民族への差別をあおるヘイトスピーチや街頭宣伝は在日韓国・朝鮮人が多く住む地域で繰り返され、最近は地方にも広がっています。14年8月29日には国連の人種差別撤廃委員会から、日本政府に「適切にしっかり対処するように」と勧告がなされました。先進国が法律で規制していることを日本政府は自由にさせているのです。

もともと外国人差別に鈍感な日本政府ですが、店頭には「嫌韓」「憎中」という大きな見出しの雑誌が並べられています。歴史を心に刻まなければ、同じ誤りを繰りかえすことになります。ヘイトスピーチは他の民族に対する、ジェノサイド（大量殺害）まで繋がっているという歴史を決して忘れてはならないと思います。

慰安婦問題についての朝日新聞に対する最近のバッシング問題ですが、河野洋平官房長官談話の見直しを行うべきだとの話にもなってきています。

朝日新聞の問題の記事は、韓国・済州島で「朝鮮人狩りをした」という吉田清治氏の証言を20年前に報道したもので、その事実がなかったと最近訂正したものです。朝日はもっと早く認めて謝罪すべきだったと思います。しかしながら悪乗りして、あたかも従軍慰安婦はなかったかのように一部新聞や週刊誌、雑誌などが宣伝しているのは問題です。

慰安婦問題に対しては軍の資料があり、河野談話の前に92年7月6日に加藤紘一官房長官から、「慰安所の設置、慰安婦の募集に当たる者の取締り、慰安施設の築造・増強、慰安所の経営・監督、慰安所・慰安婦の衛生管理、慰安所関係者への身分証明書等の発給等につき、政府の関与があったことが認められたということである」と政府の関与を認める発表がありました。そしてその後、93年8月4日に河野談話として発表されるのですが、その中で「今次調査の結果、長期に、かつ広範な地域にわたって慰安所が設置され、数多くの慰安婦が存在したことが認められた。慰安所は、当時の軍当局の要請により設営されたものであり、慰安所の設置、管理及び慰安婦の移送については、旧日本軍が直接あるいは間接にこれに関与した。慰安婦の募集については、軍の要請を受けた業者が主としてこれに当たったが、その場合も、甘言、強圧による等、本人たちの意思に反して集められた事例が数多くあり、更に、官憲等が直接これに加担したこともあったことが明らかになった。また、慰安所における生活は、強制的な状況の下での痛ましいものであった」としているのです。この河野談話や加藤官房長官の発表に誤りはないのです。

また軍による強制が、はっきりしているものもあるのです。オランダ政府は、第2次大戦後、オランダ女性慰安婦強制事件に関するバタビア臨時軍法会議でBC級戦犯に対する裁判を行っております。この判決を見ますと、オランダ人が収容されている施設に軍人が行って35人程のオランダ人女性たちを連行し、売春を強制したということでして、13人が裁判を受け、11人が有罪。1人は死刑、その他は懲役20年~2年の実刑を受けています。

オランダ政府の判決を見ても、軍が強制した事実はあったのです。皆で朝日新聞をたたいていますが、しかも叩いている中には言葉として、国賊とか売国奴という言葉を使っている週刊誌もあり、これはかつて国家の指令には従わない言論の封鎖に使ったことで、今マスコミ関係が使っているということは、非常に大変な事だと思います。

安倍政権のもとで、こういう民主主義の基本である基本的人権が、国民自らの手によって危うくなるケースが出てきています。やはり、その背景にはヘイトスピーチのようなことを規制しない政府の姿があり、歴史を認めない、東京裁判を否定する考えが基本にあり、非常に危機感を覚えます。

多くの国民には歴史的事実と向き合ってほしいと思います。

（横路孝弘連合後援会機関紙「ネットワーク通信」No.53　2014年9月）

# 核・原発をめぐって

## ❖幌延問題（高レベル放射性廃棄物問題）

知事の時に直面した大問題が「高レベル放射性廃棄物問題」いわゆる幌延問題です。この時の政府の対応、特に動力炉・核燃料開発事業団（動燃）の対応について、どうしても記録として残しておかなければならないことがあるのです。

宗谷管内幌延町から1984年に突然、貯蔵工学センターの誘致ということで要望があったあと、道議会で自民党と動燃が積極的に動き出したのです。動燃が道議会の自民党控室に来て、質問作りをするほど力を入れておりました。

その時、自民党から「アメリカなど世界に行って、世界の最先端技術の状況を調べて来い」という意見が出て、私もアメリカがどんな状況なのか、特に高木仁三郎・原子力資料情報室代表から「何万年も先の安全性をどうするか、世界中が困っていて、アメリカの地質調査所などに行ったらいいよ」と言われていたので、すぐにそうしようと決意しました。

自民党は、「どうせ、どうすれば良いのか科学技術庁に問い合わせ、準備をするだろう」と期待していたようです。しかし私は、日本国際交流センターの山本正さんに頼んでアメリカ国内のスタッフに協力をしてもらい、日程を作ってもらいました。そのスタッフはアメリカ・ワシントン州の上院議員で院内総務をやっている人に相談したのです。

当時ワシントン州は、ハンフォード核施設をかかえ、なおかつ高レベル核廃棄物保管の候補の3カ所のうちの一つでした。そのスタッフと意見交換をして、約10日間アメリカを回り、12カ所の研究機関、大学そして原子力規制委員会や地質調査所、環境保護庁、エネルギー省、議会技術評価局などを訪ねました。関心のある人はぜひその報告書を見ていただきたいと思います。

ところが日程が決まると、びっくりした動燃が私の行く先々へ「横路知事は日本政府に反対している人間だから、会うのは断ってほしい」と電話を入れていたのです。アメリカに行ってそのことを知りました。しかも訪問の後に、また動燃を名乗って「横路知事はどんな話をして、どう答えたのか知りたい」と言って電話を入れたのです。

さらに私が帰国したのちに、自民党道議会議員団が同じ日程を組んでアメリカを回ったのです。しかしアメリカでは知事は、非常に尊敬されている地位なのです。あまりにも日本政府の対応がひどいからと、アメリカから「横路さん、絶対に日本政府の言うことを聞いてはだめです」「1カ所でも穴を掘るのを認めたら、全部そこに集中するよ」「あらかじめ、しっかりした基準を作らなければだめですよ」という連絡がきたり、中にはある政府機関から「自民党議員がやってきたが、1人だけ質問したけれど、あとの人は皆寝ていた」という手紙もきたりしました。この訪米調査で、高レベル放射性廃棄物は何万年も先のことにもかかわる問題であり、絶対に認めないという強い決意をもつことが出来たのです。

元原子力委員で科学技術庁の原子力局長をやった島村武久さんが、85年から94年にかけて関係者を集め、核廃棄物の問題を議論したことがあります。そのテープをおこした「島村原子力政策研究会資料」は全部で620ページの厚いものですが、知事をやめて国会議員に戻ったときに、この記録を読んでびっくりしました。以下はごく一部の要約です。

島村　担当しているものが、一生懸命やっているだけで、それが漏れて国会に理事長が呼び出しを受けて、「何の話だ」と理事長が聞いてみたら、「高レベル核廃棄物処理場の問題だった」と初めて知ったのです。「動燃は担当者の言うことと、上の者が言うことが食い違ったり、科学技術庁の言うことが、また違ったりして、ごちゃごちゃになってしまった」

鉄川　よくある話ですよ、動燃はそういうところなのです

田中　動燃ばかりじゃないですよ

島村　原子力委員会どころか、局長である私も知らなかった

全くあきれた話で、当時、核廃棄物の処理問題について、関係者の間で何の共通の問題意識もなかったのです。すっかり振り回されてしまいました。今も、未解決の問題として残っているのです。しっかり監視をしていかなければならないと思っています。

（2019年5月）

## ❖チェルノブイリ視察

２０１１年９月５日から３日間ほど、ウクライナの首都キエフとチェルノブイリ原発の現場に行ってきました。チェルノブイリ原発の事故から25年経っております。

今から考えますと、日本のいわゆる「原子力ムラ」の人々、電力会社や当時でいうと通産省、科学技術庁、今の経済産業省、そして原発を担当していた人々、あるいは推進してきた学者はみんなチェルノブイリ事故のときに「あれはソ連の出来事だ」と、日本とは技術が違うというようなことを言って、教訓として何も学ばなかったんですね。

事故の形態そのものは今回の福島と違うのですが、しかしその事故発生後のいろいろな問題――たとえば避難する、食品の汚染が発見される、子どもたちに甲状腺がんが発見される、様々な健康障害が出てくる――。東京電力にしても、あるいは原子力安全・保安院にしても、あるいは官邸にしても、こういった経緯経過というのを充分知っていれば、もっと事故後の対応が速かつ的確にできたのではないか、という思いを非常に強くしまして、実際どうなのかということで３日間ウクライナ、キエフを訪問し、チェルノブイリへ行って参りました。

キエフのチェルノブイリ博物館で充分お話を聞き、また事故以降支援活動をしている日本やウクライナの非政府組織（NGO）の人々ともお話をし、ウクライナの医療関係者の皆さんのお話も聞いて参りました。

朝早くキエフを出発しチェルノブイリに入りますと、原発から30キロ、10キロというチェックポイントがありました。行政を担当している事務所で話を聞きましたが、その前に広場がありまして、そこに墓標が100本ほど2列に並んでいるんですね。何ですかと聞いたら、それはこの30キロ圏内で廃村になった、いわば「死の町」になった町や村の数なんだということでした。

チェルノブイリの原子炉4号機から400〜500メートル離れたところで説明を聞き、そこから車で10分くらいの5万人が住んでいた町、完全に「死の町」になっているプリピャチ市も見て参りました。この町はあと100年間は人が住むことができないということで、ウクライナのこの25年間の経緯経過を充分参考にしながら、私どもがこの福島の事故後、どのようにして人々の健康を守っていくのか、そして汚染されている地域で、どのようにしてその汚染を取り除いていくのかということが大変大事だと思います。

チェルノブイリから100キロ近く離れたところで10年くらい経ってから汚染がひどい

ということがわかって、避難の指示が出たということもありまして、風の流れによってどこに汚染された地域があるのかよく調べなければいけないんですね。ですからこれからも福島県ばかりではなくて、当時の風の流れを分析して、そして汚染の地図ももっと詳細なものを作っていくことが必要だろうと思っております。

いずれにしても震災の復興とこの原発問題の処理というのはこれからのエネルギー政策、あるいは復興の財源をどうするかということを含めてしっかりと議論しなければいけない課題だと考えております。

（2011年9月）

# 未来につなげる

## ❖希望のある社会に向かって

２０１６年11月の衆議院安全保障委員会で久しぶりに質問をいたしました。

安倍総理は安保の議論の中で集団的自衛権を行使することが出来るようになって、日本の抑止力が強化され、日本はより安全になったと答弁してきました。

しかし日本がアメリカと共に抑止力を強めれば、周辺国は脅威を感じ、対抗して軍事力を強化し、軍備拡大競争になると指摘してきましたが、まさにその通りになりつつあります。

ロシアのショイグ国防大臣が16年3月、「日本のミサイル防衛が強化されたのでロシアの安全保障上、北方領土の軍事力を強化していきたい」と発言いたしましたが、このたび国後・択捉に地対艦ミサイル「バル」と「バスチオン」（射程１３０〜３００キロ）の配備を行い、さらに海軍基地の建設や旧日本軍の飛行場の改修などを行っているのです。北方領土には3500人の兵隊も配備されています。

アメリカの安全保障上の一番の対象は何と言ってもロシアですし、ロシアにとってもアメリカです。アメリカによる核の先制攻撃に対する報復力としてのロシアの核が、ミサイル防衛体制が強化されると機能しなくなると、ロシアは心配しているのです。安倍総理のすすめている軍事力強化は実は北方四島返還を遠ざけているのだと思います。

戦後日本は国際協調主義をベースにして、対米外交、対アジア外交、対国連外交をバランスをとって進めてきました。そして軍事力を抑制的に、政府開発援助（ODA）による各国への協力をはじめ、50年を迎えた青年海外協力隊、ペシャワール会のようなさまざまな非政府組織（NGO）が各国の地域の中で人々との交流を重ね、積み上げてきた、日本の平和国家としてのイメージと日本への信頼感をなくてしまって良いのだろうかと思わずにはいられません。

今こそ、日本国憲法9条の平和主義が世界の目標でなければなりません。

日本の将来について私が今一番心配しているのは、日本の若者が未来への希望を失い、夢をもてず意欲に欠けているのではないかということです。特に中学生、高校生は自分の能力に対する自信がなく、ダメな人間だと考える人が世界の他の国に比べると突出して多い。

原因はいろいろありますが、一つは貧困です。相対的貧困率は子どもの16%、ひとり親の子の54%です。完全に親の所得によって、子どもの学力や進学に格差が生まれています。もう一つは、雇用です。非正規労働が4割、若い人は5割を超えているという現実。大学を卒業して正社員になれず、パート労働を続け、借りた奨学金の返済のために夢や希望を持てず、結婚もできない。多くの若者が早い時期に人生に対する希望を失っている現状です。

こうした最近の日本の若者の傾向は、やはり日本社会の全体の動きと連動しているのです。大きな変化は、バブルとその後の小泉構造改革で生まれていきました。

金がすべて、金さえあれば何でもできる、自分さえ良ければ他人はどうでもよい、今さえ良ければ将来のことは知ったことではない、という風潮の世の中になり、勤勉、平等、公平、誠実、努力という日本と日本人の社会正義が、競争、効率、悪平等、自己責任という新自由主義の流れに変わっていったのです。こうした中で「私が悪いのだ」「努力が足りないからだ」と自己を責め、自己責任を受け入れ、なんでも自分にせいにしてしまう。「お前の自己責任」と責める企業も多い。

人々がこれほどバラバラになったことは戦後社会の中でなかったのではないでしょうか。人びとのつながり、地域のつながり、仕事仲間、学生時代の友人、親戚や家族のつながり、こうした結びつきや助けあいの仕組みが社会の中にあって、セーフティーネットの役割を果たしてきた。人びととはとことん絶望することはなかったのです。安心感のある社会、この社会の中にいれば誰もが生きていけるという信頼感。それには何より平和であること、そして働く場があってその仕事を一生懸命やれば生活が出来る、結婚も出来る、子どもを生んで育てることも出来る、老後も心配がない社会でなければなりません。

私は1969年から現在まで47年間、議員として、知事として多く人々にご支援・ご協力をいただきました。後援会のみなさまはじめ、ご支援いただいたお一人おひとりに心から感謝申し上げます。本当に長い間、ありがとうございました。

この間全力投入してまいりましたが、どれほどのことを成し得たのか「忸怩《じくじ》たる」思いでいっぱいです。

次の解散で議員は辞めますが、これから憲法改正問題なども具体化されていきますので、政治活動は続けていく決意であります。

（横路孝弘連合後援会機関紙「ネットワーク通信」No.58　2017年1月1日）

## ❖福祉社会について

ジュディ・ヒューマンさんというアメリカの障害者の自立生活運動の提唱者であり、実践者である方がおられます。私は衆議院議長時にアメリカ国務省の特別顧問として来日されたときにお会いして、最近の障害者を取りまく状況や自立生活運動について、お話を伺ったことがあります。

施設や病院から地域へというこの運動は世界に広がり、道内でも熱心に主張され実践されていますが、もちろん大切なのは、それが可能な基盤がなければならないことです。

社会の基本はノーマライゼーション。男も女も子どもも高齢者も障害のある人もない人も元気な人も療養の人も皆が一緒に暮らすこと。いや、暮らすことが可能な社会でなければなりません。その環境を整備することが、何より大事なのです。

そのためには、まず公的セクター（国や地方自治体）がしっかりベースを作り、市場セクター（施設や企業の協力）、市民セクター（NGO、NPO、そしてボランティア）が公的セクターの補完的、選択的役割を果たすことが大事なのです。

しかし、障害のある人の立場に立つことは簡単ではありません。北海道立道民活動センター「かでる2・7」を札幌に建設したとき、車いすの人たちに見てもらったら、1階の大ホールの入口にある、車いす用通路について「こんなに一気に上まで行くことができません。途中に踊り場を作ってください」と言われて、直したことがありました。

また、新千歳空港も事前に車いすの人に見てもらったら、車いす用のトイレは障害によって右側から座る人、真ん中から座る人、左側から座る人などさまざまなのですが、「ここは、そうなっていませんね」と指摘されたこともありました。知事のときに経験したことですが、何事も障害のある人々の意見をしっかり聞かなければならないと思いました。思い込みで仕事をしてはいけないということです。

## 私の体験

こんな体験をしたこともあります。空知管内の施設を訪問したときのことです。この施設は、比較的町の真ん中にあり、いろんなことを工夫しています。例えば、子どもたちが街に買い物に行ったり、日曜日など街の食堂でご飯を食べることを認めています。町の人もそういう子どもを受け止めて一緒に過ごしていくことを試みています。

訪問したおり、子どもたちは、いろいろなお菓子の箱を折っていました。私は、子どもたちに歩きながら声をかけて行きました。ある子どもに声をかけましたとき、何の返事も返ってきませんでした。同行していた施設の人が「聴覚障害があるから、話してもわかりません」と言うのです。私は「どこで生まれたの」とか一生懸命、本人の顔を見ながら問いかけていましたら、その前で仕事をしていた施設の園児が通訳をしてくれました。別に手話でも何でもないのですが、私が言ったことを彼に伝えてくれるのです。そうすると、いろいろな話をゆっくりとしてくれました。それを、また、私に教えてくれます。「生まれはどこなの」と問いかけると「夕張だよ」と話してくれます。

施設の先生方が知っていたのか、知らなかったのか分かりませんが、このようにして、一生懸命、聴覚障害のある子どもの面倒を仲間うちでみていました。私はそのことに大変な感激を覚えました。

私は施設などを訪問する機会が多くありますが、あまり時間がない状態で訪問するためだと思いますが、「名前は」と尋ねたら「たかし君でしょう」、「歳は」「12歳でしょう」とか施設の人が、そばからみんな答えてしまいます。いろいろ呼びかけますとすぐそんなにピンピンと答えが返ってこないものです。皆、少し考えて答えをくれます。

ハンディキャップのある子どもたちと触れ合いを深めるためには「ゆっくりしたリズム」

で接し、「大人の基準、この社会の基準」で物事を考えるのではなく、子どもたちの持っているリズムのところまで降りて一緒になって考えて、行動しないとコミュニケーションはなりたたないのです。

施設などに行った際には、いつも、そんなことを感じています。ある時、特別養護老人ホームを訪問したおり、お年寄りの人たちと話をしてゆくとベットの上に座っているお年寄りに会いました。声をかけても何の反応もない、答えてくれないのです。施設の人は、「入ったばかりで少し認知症もあるので分かりませんよ」と言うのです。私も、そうかなと思いましたが、何か言いたそうな顔をしています。それで、「いつ入られたの?」「入って、ご飯はおいしい?」「毎日残さないで食べないといけませんよ」と話したとき、いきなり、「ご飯はおいしくない」と答えました。施設の人はびっくりしてしまいました。違うリズムで周りがワーワー言ったので少し反発されたのだと思います。

結局、いろいろなハンディキャップのある子どもたちの教育から始まる、長いそれぞれの人生の中で、その子なりの違ったリズムを受け止めることが大変大切なことと思いました。ノーマライゼーションのいろんな事業の中の、ノーマライゼーションエリアのモデル事業を行っているある人から、このような話を聞きました。

施設のお年寄りと子どもたちとの二人三脚の運動会を開いたそうです。はじめのうち子どもは勝ちたい一心で一生懸命走ろうとして、どうしても、リズムが合わないでお年寄りを引きずってしまいます。その事業を重ねていくうちに子どもの方がお年寄りのことを思いやり、子どもの方からお年寄りに合わせて走るように変わっていくというのです。

学校教育の場でも、小さい時からいろいろな障害のある子どもと共に学ぶことが大切なのです。インクルーシブ教育といわれるものです。一緒に触れ合う場所があると、どんな人でも相手を思いやる気持ちが大きく芽生え、相手のリズムに自然に合わせるようになるのだと思いました。相手を思いやる豊かな心が社会全体の中に自然に培われたとき、本当の福祉社会ができるのではないかと思っています。

施設などを訪問した後、時折手紙をくれる子どもがいます。中学生1人と大人2人のかた3人と文通をしていますが、本当に感激することがあります。正月になると皆、お母さんの所に帰ってしまいます。親、兄弟がいないと施設に1人残ることになります。寂しくなると手紙をよこす人もいます。その人が激励の手紙をくれました。道議会で頭を下げながら一生懸命に謝ったり、あまり面白くない顔をして座っているのをテレビで見たのでしょう。それをどうも、いじめられていると思ったらしく「自分も小さい頃ずいぶん周りの人にいじめられました。しかし、我慢して頑張ってきました。だから知事さんも頑張りなさい」という心温まる文面にいたく感動しました。どうして、この子が知的障害者？そんなことじゃないですよね。非常に温かい気持ちが伝わってくるのが、ありありと分かります。

## 療育システムと総合リハビリテーションシステム

知事のとき、早期発見・早期療育システム（後に子ども発達支援事業）と総合リハビリテーションシステムを推進しました。もしも母親が生まれた子どもの何かの異常に気がついたら、どこに相談に行ったらよいのか。相談の結果「こういうことだよ」と言われたら、その療育をどうしたらいいだろうかとなります。そして大きくなって学校に入学する。学校教育終了後の働く場所をどうするのか、就職後のケアをどのように行うか、さらに老後の問題もあります。人生のはじめから、その後のライフサイクルに応じた福祉をどう考えたらよいのか。

早期療育も発見、治療、療育、家庭援助サービスが必要ですし、その後の人生においても、医療福祉、教育、雇用、住居などの総合的なサービスの提供が大切であり、早期療育の構成要素を明らかにしたうえで、これをシステム化することを進めました。

システム化するにあたり、第一に早期療育は子どもの乳幼児期において、日常的、継続的に取り組む必要がありますので、家庭の身近な地域において必要なサービスが提供される「地域性」が大事です。第二に近年、障害の態様が重度、重複化しており、従来の障害種別では対応できなくなっているので、各専門分野のチームとして総合的に取り組む「総合性」が大切です。第三に、子どもの発達段階に応じた発見、相談、療育、保育などの一貫した取り組みが不可欠で「一貫性」が重要です。

そこで第1次療育圏を67圏域として母子通園センター（後に子ども発達支援センター）事業として行っています。毎年3000名以上の乳幼児の発見をサポートするとともに保護者や地域の関係者の相談にのり、また、乳幼児健診に参加するなどして地域になくてはならない存在になっていますし、センターによっては、ミニ児童相談所のように多様な相談を受け、また育児センターの機能を担当するところまで出てきています。

そして第2次療育圏として、児童相談所圏域に地域療育センターが整備されています。専門性の高い療育ニーズは対応するために、既存の施設などの巡回相談などの機能も持っています。第3次療育圏は、道立施設3カ所に中核的機能を整備し、第1次、第2次療育圏への支援を行うことを目的としています。

高度で専門的な相談、診断、判定、治療、療育、訓練や職員の養成、講習、情報提供など、これらの制度は、北海道教育大学の伊藤則博教授をはじめ、多くの福祉関係者の協力と努力によって出来ました。障害の早期発見は事実上困難で経過をみなければならない場合が多いので、障害がはっきりしている子どもだけに対応すればよいということではありません。この点が大切なのです。

障害の有無や内容が未確定の子どもも対象にして、親への相談支援や地域の保育機関など仕事ができるようにしなければならないと思っています。また、本人、本人と家族を含め、いろいろな選択肢を用意し、選択の可能性や自由を尊重することが大切だと思います。

（2019年5月）

# 世界・日本・北海道

## ❖歴史的事実

衆議院議長として3年3カ月務めました。仕事の中心は国会の運営ですが、外国との議会間交流や、訪日される各国の要人や各国大使との会談や交流も大きな仕事です。世界各国の現状や日本との関係など初めて知ったことも多かったのです。これら各国との交流を通じて、過去は現在と未来に連動し連結していることを痛感させられました。何百年も昔のその国や国民と日本の国や日本人との触れあいが、その後ずっと人々の記憶に残り現在につながっているのです。

非常に親日的なメキシコ、トルコ、ブータンのことを少し触れてみたいと思います。

## メキシコ

メキシコとフィリピンをつなぐ航路が16世紀後半には存在し、フィリピンからメキシコへは黒潮に乗って日本列島沿いに北上していくのですが、1609年9月、一隻のガレオン船が千葉県御宿《おんじゅく》沖で遭難し、373名中317名が御宿の人々に救助されたのです。

この船にはスペイン領であったフィリピンの総督ドン・ロドリゴが乗船しており、その後、2代将軍徳川秀忠に謁見、駿府城の徳川家康にも招かれ懇談し、翌年には家康が三浦按針に建造させた新しい船で無事にメキシコへ帰国したのです。この史実が日本とメキシコの修好の契機となり、非常に友好な両国関係が生まれたのです。

後に日本が開国し、諸外国と国交を開いた際には不平等条約が普通であったのに、メキシコとの間で1888年（明治21年）に締結した日墨修好通商航海条約は、初めての平等条約であり、その後の欧米との不平等条約を改正する大きな力となったのです。榎本武揚はそのことに感激し、現在の衆議院議長公邸裏の土地を大使館用地として提供したと言われていますし、また97年（明治30年）、メキシコに中南米として初めて移民を送りました。

2009年から10年にかけて、日本メキシコ交流400周年記念式典が、日本では御宿で皇太子殿下が出席して行われ、メキシコでは大統領官邸で行われ、私も10年にメキシコを訪問したのです。

## トルコ

1890年（明治23年）、オスマン帝国がエルトゥールル号で日本に使節団を派遣、その帰国時に和歌山県串本町沖で遭難し587人が死亡、69人が救出されました。日本では官民あげての支援を行い、義援金も多数寄せられ、日本海軍の軍艦でトルコに丁重に送還しました。この事件の遭難者に示された日本人の友誼はその後も長く、日本トルコ友好関係の起点として記憶され、イラン・イラク戦争の際、駐イラン日本人の救出に日本が困っているとき、駐イラントルコ大使が「トルコ人ならだれでもエルトゥールル号の遭難の際に受けた恩義を知っています。ご恩返しをさせていただきましょう」と言って、本国に救援機を要請してくれ、その結果トルコが救援機を派遣し、215人の日本人全員が救出されました。

## ブータン

２０１１年11月にブータンのワンチュク国王夫妻が日本を訪問され、多くの日本国民から大歓迎を受けました。

ブータンの人々は日本に強い愛着を持ち、親しみと友情をもっています。それは一人の日本人の活動によるところが大きいのです。

それは現在の国際協力機構（ＪＩＣＡ）の農業指導者として１９６４年から亡くなる92年までブータンで活躍した西岡京治《けいじ》さんです。ブータンの農業振興のため28年間、野菜の栽培、品種改良、荒地の開墾などに尽力し、ブータン国民の産業、生活の基盤改善に大きく寄与したのです。民間人に贈られる最高の爵位である「ダショー」を授かり、亡くなったときはブータン政府によって国葬がとり行われました。

一人の人間の努力で日本への信頼感、親近感を高め両国の友好関係を作ったのです。

（２０１３年）

## ❖帰国ボランティアとの懇談

２０１５年9月30日、国際協力機構（ＪＩＣＡ）市ヶ谷ビルの国際会議場で、青年海外協力隊とシニアボランティアの帰国者への感謝の会合があり、出席して簡単なあいさつと乾杯を行いました。今回は派遣国21カ国で出席者は75人でした。なお、青年海外協力隊は派遣されて50年の歴史をもち、今まで4万人を超える人々が世界88か国で活躍してきています。以下は当日のあいさつです。

皆さん元気でそれぞれの役割を果たされて帰国されましたこと、何よりのこととお喜び申し上げます。いろいろ経験されて、これからの皆さんの人生にとって大きな力になることと思います。同時に皆さんの活動によって、日本の国にとっても日本や日本国民に対する信頼や親近感が深まり日本のイメージアップになったことを確信いたします。

国によって文化や宗教や物の考え方や、経済的には発展の段階がそれぞれ異なると思いますが、人間としての喜びや悲しみ、怒りや苦しみ、家族の絆、友人としての友情、親子の愛情などはどこの国でも変わらず、みな同じだと感じたのではないでしょうか。ぜひこれからも今回出会った人々との交流を続けていっていただきたいと思います。

私も衆議院議長のとき、各国の多くの議長さんとお目にかかる機会がありました。皆さんから青年海外協力隊の活動について、感謝の言葉をいただくことも多かった。

11年1月19日、アフリカのブルキナファソのカボレ国会議長が来られました。その時、「青年海外協力隊員が野球の指導をしてくれた。その結果、野球をやることで子供たちがチームプレーを学び、また礼儀が非常に良くなった」と言って高い評価をしてくれました。調べたら北海道の札幌大学の学生で富良野市の出身者でした。日本に帰国してからブルキナファソの少年野球チームを呼んで交流を深め、その結果、現在4人が北海道に野球留学し、そのうちの1人が独立リーグ「高知ファイティングドッグス」のメンバーとして野球選手として採用され、プロへの道を歩んでいます。

またＪＩＣＡにお願いですが、12年5月、アメリカからジュディ・ヒューマンさんという米国務省の国際障害者の権利に関する特別顧問を務めておられる方の訪問を受けました。

ヒューマンさんは障害者で「共に生きる」「共に働く」をスローガンに、施設ではなく地域で自立して生きて行こうと、自ら実践し世界へも訴えている、自立生活運動の先駆者です。そのヒューマンさんから「日本のＪＩＣＡが世界の障害者へさまざまな支援の手を差し伸べてくれています。世界でこのように支援してくれている国はありません。ぜひ予算を切らないで今後も続けてほしい」と頼まれました。私も知らなかったのですが、本当でした。

ブルキナファソでの活動、ヒューマンさんに紹介された障害者への支援、こうした活動の積み重ねが平和日本のイメージを作っているのです。

皆様のご健康とこれからの益々のご活躍を祈念いたしまして、乾杯。

（ブログ「こんにちは！　よこみち孝弘です」　２０１５年10月1日）

## ❖アイヌ民族は先住民族

本日（2008年6月6日）の衆議院本会議で「アイヌ民族を先住民族とすることを求める決議」が全会一致で可決されました。

アイヌ民族の人々と共に、特に萱野茂さんや貝沢正さんなどにいろいろと教えていただきながら、今日まで闘ってきた私としては大変うれしい、しかし当然の決議であります。内容は次のとおりです。

**「アイヌ民族を先住民族とすることを求める決議」**

昨年9月、国連において「先住民族の権利に関する国際連合宣言」が、我が国も賛成する中で採択された。これはアイヌ民族の長年の悲願を映したものであり、同時に、その趣旨を体して具体的な行動をとることが、国連人権条約監視機関から我が国に求められている。

我が国が近代化する過程において、多数のアイヌの人々が、法的には等しく国民でありながらも差別され、貧窮を余儀なくされたという歴史的事実を、私たちは厳粛に受け止めなければならない。

全ての先住民族が、名誉と尊厳を保持し、その文化と誇りを次世代に継承していくことは、国際社会の潮流であり、また、こうした国際的な価値観を共有することは、我が国が21世紀の国際社会をリードしていくためにも不可欠である。

特に、本年7月に、環境サミットとも言われるG8サミットが、自然との共生を根幹とするアイヌ民族先住の地、北海道で開催されることは、誠に意義深い。

政府は、これを機に次の施策を早急に講じるべきである。
1. 政府は、「先住民族の権利に関する国際連合宣言」を踏まえ、アイヌの人々を日本列島北部周辺、とりわけ北海道に先住し、独自の言語、宗教や文化の独自性を有する先住民族として認めること。
2. 政府は、「先住民族の権利に関する国際連合宣言」が採択されたことを機に、同宣言における関連条項を参照しつつ、高いレベルで有識者の意見を聞きながら、これまでのアイヌ政策をさらに推進し、総合的な施策の確立に取り組むこと。
右決議する。

1983年に北海道知事に当選した翌年に、私の私的諮問機関として「北海道ウタリ問題懇話会」をスタートさせ、北海道大学教授の中村睦男先生に座長をお願いしたところ、88年に「アイヌ民族に関する新法について」という答申をいただきました。

その内容は、明治時代からの法律であった「旧土人保護法」などの廃止と新たな「アイヌ新法」を国が制定すべしというものでした。この答申のなかで、アイヌが北海道に土着する民族として存在していることを確認し、「先住権」がアイヌ民族の地位を確立するための「アイヌ新法」を制定する有力な根拠であると明言しました。

このことはわが国の行政では、はじめてアイヌを先住民族として言及したものです。また答申のなかで、アイヌの人々の権利が十分に尊重されるよう権利の宣言を定めてその基本的人権を擁護し、アイヌ文化の振興をはかるための「アイヌ民族研究施設」を設置すること、アイヌの自立的活動を促進するために「アイヌ民族自立化基金」をつくることなどが提言されました。

これを受けて私はアイヌの人々と共にその参加を得て、道立の「アイヌ民族文化研究センター」を設立すると共に、道内各地で「アイヌ語教育」を開催し、年に1回「アイヌ民族文化祭」を開催することとしました。同時に政府に「旧土人保護法の廃止」と新しい「アイヌ新法」の制定を要望したのです。

その結果、村山内閣のとき、五十嵐広三官房長官の下に「ウタリ対策のあり方に関する有識者懇談会」が設置され、作家の司馬遼太郎さんなどと私もそのメンバーになり、議論がされましたが、その最大の論点はアイヌ民族の先住性の認否でありました。

そして97年にアイヌ文化振興法が制定され、旧土人保護法は廃止されたのです。アイヌの人々が求めていたアイヌ新法に比べると、その要望がすべて受け入れられたわけではなかったのですが、しかしこの法律ではじめて政府がアイヌ民族を先住民族として認め、その上にたってアイヌの人々の民族としての誇りと尊厳が尊重される社会をめざすことを明らかにしたことで、ウタリ協会も納得し全会一致で制定されました。

アイヌ民族の先住性については、この法律の審議の中で橋本龍太郎総理が「アイヌの先住性は疑いのない歴史の事実」という明快な答弁をなされていたのです。ところが、2007年9月、国連総会で「先住民族の権利に関する国連宣言」を採択し、わが国も賛成したにもかかわらず、福田康夫総理は国会で「アイヌが国連でいう先住民族か否かについては結論を下せる状況にない」などと、97年の橋本内閣における政府統一見解を全く無視した不見識な見解を発言されました。

国連の決議をわが国が国内的にどう実現するかということが問われている時に、それを否定する発言ですので、国会としての意見をはっきりさせたのが今回の決議であるのです。

1604年、徳川家康は諸侯に黒印状を発し、松前藩主に対して「アイヌに対して非分なこと（道理にあわないこと）はしてはならない」と和人に対する規制を行いました。逆に言うと、当時から差別などがあったことを示しています。

本年は洞爺湖サミットが開かれ、アイヌの人々を中心に先住民サミットの開催も準備が進められています。「日本は単一民族の国である」という誤解が内外にある今日、アイヌの人々の自然と共生してきた生き方は、今、人類が考えなければならない課題であるのです。世界の先住民族は、それぞれの気候・風土にあった生き方をしてきた長い歴史を持っています。その知恵や経験が生かされるサミットになることを祈っています。

（ブログ「こんにちは！　よこみち孝弘です」　2008年6月6日）

## ❖北海道農業を守る

本日（2015年5月16日）は、北海道農業協同組合中央会、北海道漁業協同組合連合会、北海道森林組合連合会、北海道農民連盟の主催により全道各地から多くの人々が参集し盛大に開会されますことに、民主党を代表して連帯のご挨拶を申し上げます。

安倍総理は、一昨日の衆議院本会議で「TPPにおける日米間の交渉の前進を歓迎し、日米が交渉全体をリードし早期妥結に導いていくことで一致しました」と述べ、甘利大臣も「結論からいえば進展が順調に図られている。」と5月8日に発言されている。

つまりは、いままでコメと農産物と自動車が残っていると発言してきたのだから、「コメと農産物」に進展のあったことを意味しているのではないかと思います。安倍さんは非常に前のめり、極めて積極的です。従って国民に何も知らせず、コメの特別輸入枠の設定や牛肉豚肉などの関税引き下げなど、重要5品目にも手をつけることは国会の決議を無視するもので、断じて許すことは出来ません。とりわけ国民にも国会にも何の情報も提供することなく進められることは、国民の知る権利を踏みにじるものです。先ほどご要請のありました国会決議の堅持と情報の公開、この二つの実現のために民主党として全力を尽くします。なお、情報公開については、交渉の内容を開示すべきという議員立法を民主党としてすでに国会に提出していることをご報告申し上げます。

道の知事公館の庭に大きな石碑が建っています。あの日露戦争のときの乃木希典《のぎまれすけ》の書が刻まれています。何と書かれているか。「国富在農」。実に堂々とした風格のある書体です。どこの国でもいつの時代でも国の基礎はやはり農業なのです。

亡くなった俳優の菅原文太さんは、「政府がやるべき大事なことは二つある。ひとつは国民に安全安心な食べ物を食べさせることだ。もうひとつは戦争をやらないことだ。」とおっしゃった。人間社会の今でも、いや今だからこそ一番大切なことを指摘していると思います。

日本社会も戦後70年を迎えました。戦前の日本社会との違いは、戦後、農業農村が大きく発展したことです。安倍総理は「戦後レジームの解体」を主張されています。ＧＨＱの支配していた時代にやられたことは解体すると主張されていますが、「憲法の制定、旧財閥の解体、治安維持法や特高警察の廃止、そして農地解放、自作農の創設、漁業権の解放」などの改革が進められました。それが戦後日本の発展の基礎をなしていたことは、誰もが否定できないことだと思います。それとも安倍さんは戦前の地主と小作制度にならって、大企業が農地の所有者となり農民の皆さんは農業労働者になって雇用される、そんなことはお考えになっていないと思いますが心配でもあります。

本日、いてもたってもおられない気持ちで参加されている皆さん、本集会の意義は何か明らかです。結局いずれはＴＰＰ条約と関税暫定措置法などが国会にかかります。そのとき一人ひとりの国会議員はどう対応するか全員が問われます。北海道農業と地域社会の存亡がかかっているのです。今日その覚悟を国会議員は決めなさいという集まりではないでしょうか。

北海道の衆参議員は全員で反対しようではありませんか。ほとんどの議員が選挙の時、国会決議の尊重を訴え、それが守られないようならＴＰＰには反対と訴えて当選したのではないでしょうか。党派を超えて一緒に行動することを訴えて挨拶といたします。

（ＴＰＰ交渉の国会決議堅持を求める北海道緊急要請集会
２０１５年５月16日、札幌・共済ホール）

# もう少し話したいこと

## ❖家族のこと

父・横路節雄は9人の兄弟姉妹の4番目。札幌師範学校を出て、札幌・幌西小学校の教師に。学生時代からテニスとアイスホッケーの国体の選手でした。

母・横路美喜は10人の兄弟姉妹の8番目。現在の岩見沢西高校、札幌北高校を出て、札幌・豊水小学校の教師でした。

父や母の兄弟姉妹は皆しっかりと教育を受けています。女性はほとんどが、学校の先生をやっています。上の子から順に下の子の面倒をみて、皆で頑張ったのです。

私のいとこは50人で、男性が25人、女性が25人です。

横路家は広島県の庄原なのですが、土井たか子さん（元社会党委員長）の家も庄原で江戸時代からの医師で、亀井静香さん（元自民党政調会長）も祖父と同じ集落というご縁があり、親しくさせていただきました。

広島のときの正月の雑煮は寒ブリと野菜がいっぱいで塩味、北海道にきてブリが塩鮭に変わり、わが家の元旦の雑煮になっています。

父は教員としては、ライオン先生といわれたが、生徒に優しい先生だったといいます。父が国会議員になってからもクラス会が開かれていたし、亡くなったあとは、母が呼ばれて出席していました。

この前、家の仏壇の引き出しを整理していたとき、金内忠雄さんという方の小冊子が出てきました。今から20年程前、古希を間近に「青春の記録・比島山中敗走記」と題した冊子を父の仏前に届けて下さった。金内さんは、父・節雄が昭和6年に札幌師範学校を卒業し、幌西小に赴任して間もなくの4年生の担任の生徒でした。

父親を亡くし、悲しみの中にあった彼は何かと励ましてもらったといいます。大学を卒業後、佐世保の造船の仕事に携わっていた彼は、昭和19年、海軍の一員としてフィリピンに行くことになり、出征前の休暇を与えられ札幌に帰ってきました。

「出発前夜、横路先生が泊まってくれた。『戦争はいつか終わる。君は、日本の為に働く若さと力があるのだから決して死んではならない。どんなに大変でも命を大切に生きて帰って来なさい。母上や妹さん弟さんも待っておられる』と先生は強い口調で言われた」ルソン島の激戦で日本兵の9割が死亡しました。山中を敗走しながらたくさんの遺骨を見る。いつも死と隣り合わせ。恐怖だけでなく、時に死への誘惑にさえ負けそうになる。その度に「命を大切に」と言われた言葉を思い出したと言われました。

戦後、彼は大造船会社の役員になられましたが、戦友の供養のためにも、これから日本の進路のためにも書き残しておきたいと思われたのです。その前書きにこう書いてあります。「もし叶う事ならば、戦争のない青春に戻りたい。更に青春を国に捧げて散った戦友たちの青春も取り戻してあげたい」と。

日本国憲法は、こうした大きな犠牲の上に「二度と戦争はいやだ」という思いを受けて生まれたのだということに、あらためて思いを深くしたい。

父は初代日教組の副委員長で専従でした。私が衆議院副議長のとき奈良市内の駅で街頭演説をしていると1人の年配の女性が立ってずっと話を聞いてくれました。終わったら私の所に来られ「横路さんは北海道ですか」「横路節雄さんを知っていますか」と聞かれたので「そうです。私の父です」というと「私は日教組の結成大会の時、婦人行動隊の一員で、お父さんと同じお寺で一緒だったのよ」と話されました。腰の曲がった人が婦人行動隊といわれて驚きましたが、最後に「何よりも戦争はダメよ」といって立ち去っていきました。「教え子を戦場に送らない」というのは、全国の全ての教師の思いだったと思います。その父の思いを少しでも受け継いでいきたいと思いました。

母方の祖先は宮城県の仙台藩角田領で、賊軍の汚名を晴らすために北海道への士族移民を決意したのです。母は、その角田領の添田竜吉の孫で、竜吉の弟は泉麟太郎。2人は、室蘭市、空知管内栗山町や長沼町の開拓にあたったのです。

母の兄は野呂栄太郎で、彼は北海中学卒業後、慶応大学へ進みました。小泉信三先生の下で日本経済論を学び、卒業後『日本資本主義発達史』に携わり、その後、出版されたのです。小泉先生とは思想は違っていたのですが、先生は野呂栄太郎のことを気にとめてくれ、卒業後も先生のお宅での木曜会という研究会に、野呂に特別高等警察（特高）の尾行がついているときも参加を許していたのです。そして「野呂君も大変でしょう」と言って、岩波茂雄さんを紹介してくれ、その後、岩波書店で『日本資本主義発達史講座』の編集にあたりました。

私も大学時代、大内力教授の日本経済論で、野呂栄太郎の日本経済の分析について授業を受けて、初めて野呂栄太郎の果たした役割について知りました。彼は治安維持法違反で逮捕され、1934年（昭和9年）、34歳で品川警察署で亡くなりました。当時は共産党の委員長でした。

安倍政権になって「特定秘密保護法」「集団的自衛権の行使容認」「共謀罪」などが進められている中で、戦前の治安維持法の果たした役割について、今また考えざるをえません。

私の父は教師として教え子を戦場に送った経験から、何よりも平和を願って日教組の結成に参加しました。私の母の兄は、当時の日本の経済や社会の分析から戦争に反対し、社会を変えようとして亡くなったのです。

世の中、いつの時代でも、どこの国でも、何よりも平和が大切です。同時に働く仕事があって、その仕事を一生懸命やれば生活ができ、結婚ができる。そして子どもを生んで育てることもでき、老後も心配がないということ。この二つの点、「平和と仕事」とこの二人（横路節雄・野呂栄太郎）は、私の政治活動の原点です。

また、妻と母には本当に大きな苦労をかけました。3人の子どもが小さい頃、私はほとんど東京で、夏休みに地元に戻る程度。国会活動に没頭していました。

福岡生まれの妻は、スキーは滑れません。しかし3人の子どもを連れて行ってスキー遊びをさせるなど一生懸命でした。その上、後援会の集まりや冠婚葬祭など、私に代わって出席することも度々、本当に良くやってくれました。母と二人三脚、おでんなど手料理でお客のもてなしをしてくれました。

また、私の3人の子どもは小さい頃、毎朝、母の布団に潜り込むのが大好きで、母の話を聞いたり、遊んだりしていました。私のいない寂しさを紛らしていたのかもしれません。最近、資料を整理していたら、娘がアメリカに留学中、私の母に出した手紙が何十通も出てきてびっくりしました。良き相談相手だったのですね。本当にありがたいことです。

（2019年5月）

## ❖北海道知事として

### 天気

1983年に知事に就任して1年たった時、皆に「国会議員の時と、どんな点が変わったのか」とよく聞かれました。考えてみると一番変わった点は毎日毎日、天気と作況が、従来以上に気になったことです。朝、新聞を開いて最初に読むのが、天気図のところです。当然のことながら北海道は、農業をはじめ第一次産業やその関連の食品産業そして観光産業がとりわけ大事な産業であり、すべて天候に左右される産業なのです。

ところが、知事に就任した年の9月に雪が降って大冷害になったのです。冷害が心配されはじめた8月、新聞を見て心配をして、神奈川県鎌倉市から「てるてる坊主」をいくつか送ってくれた年配の方がおられました。そこで、いただいた「てるてる坊主」を知事室や中山峠などに吊るしましたが、そのお気持ちは本当にうれしかった。それを見て、私の子どもたちも「てるてる坊主」を作って、公邸の窓にかけてくれたのです。

## 災害について

北海道は広いだけに地震や噴火、集中豪雨や洪水などが多い地域です。知事としてこれら災害が発生した時にどう対応するか緊張していました。そのため就任後、北海道大学の専門家に地震や噴火の可能性について話を聞いたのですが、地震の可能性のある所として檜山管内をはじめ5カ所をあげて説明してくれました。そのうち知事在任の12年間で、なんと指摘された4カ所で地震が発生したのです。びっくりしました。地震が起きなかった1カ所も石狩湾から空知にかけて活断層があり、ここでもし大地震がおきたら、札幌市内も地盤が弱いところを中心に要注意ということでした。

そのあとの阪神淡路大震災の時に、兵庫県庁が機能喪失になったことを知って、もし万一道庁が機能しないときには、上川支庁が責任を持つということを決めたのですが、今はどうなっているのでしょうか。

## 千歳空港で

知事になって千歳空港で北海道のお土産を沢山買ってくれる人を見るたび、心の中で「また来てね」「ありがとう」と言っていました。千歳空港で骨箱を大事に持っている知人がおりましたので、「どうしたの」と聞いてみたら「祖父が亡くなったので、故郷に骨を納めに行くのです」と言われました。そのとき確か道民の「北海道に住み続けたい」という定住意識が68%だったことを思い出し、まだ北海道が故郷になっていないのだ、だから、まだお墓を持っていないのだということに気がつきました。その時私は、自分の子どもや孫もずっと北海道で暮らしていくという定住意識を高めるために頑張っていこうと決意したのです。

## 管理される

知事になって秘書課のコントロール下に管理された人間になってしまいました。2〜3カ月たって、これでは考える時間がない、これではダメになると考えて週に少なくとも半日、全く自由な時間を作ってもらって、知事公館の2階に閉じこもることにいたしました。

## 中央省庁との関係

各中央省庁は大変協力してくれて、感謝しております。しかし政策的にやはり対決することもありました。高レベル放射性廃棄物の問題（幌延問題）と、道路特定財源をめぐる当時の建設省との関係です。

ある時、ふるさと訪問で網走管内を訪ねた時、市町村長から「もう道路は十分です」と言われたことがあります。そんなことも踏まえて「道路特定財源は一般財源として使うべきだ」と発言したことが新聞に報道されたのです。

その後で、道庁の職員が建設省に3種類の道路の図面（縦断面、横断面、平面図）を持って行って、道路構造令や河川構造令に合っているか、補助道路の承認を申請したところ「お前のところの知事は、道路はもういいと言っている」と言って建設省から拒否されたのです。道庁の道路担当幹部が「知事、なんとか発言を訂正してください」と言ってきましたが、「そんなことは出来ない」と言って断りました。

というのはその時、北海道開発庁の事務次官は大蔵省出身者で、大蔵省は「道路特定財源は廃止して、一般財源にしよう」と主張していました。「横路さん、頑張れ」と言ってくれていたのです。

10月頃から申請が止まって、12月の予算の時になりましたら道庁の担当者から「知事、天頼むから建設省の道路局長のところに行ってくれませんか、何も話さなくて結構です。天気の話でもしてください」と懇願されたので、言われた通りにして解除になりました。
その後、2009年に道路特定財源は一般財源化されたのです。

## 「祈り」と「感謝」

こうした毎日を送っていて「祈る」ことと「感謝する」気持ちが、いろいろな場面で強くなりました。私のような立場の人は、みなそうだと思いますが、毎日「祈っていた」ように思います。

私の尊敬する元家庭裁判所判事の森田宗一さんが「峠の道」という本の中で紹介している、アメリカのプロテスタント神学者、ラインホールド・ニーバーの「祈り」という次の言葉は、いつも私の身近にある言葉でした。

「祈り」
変えることができないものは、
落ち着きをもって、それを受け入れることができますよう恩寵を与えてください

変えるべきものは、それを変えることができるように勇気を与えてください
変えることができないものと、変えることができるものとを、
正しく識別する知恵を、わたしたちに与えてください

（2019年5月）

## ❖衆議院議長として

### 鳩山内閣

2009年の総選挙で政権交代が実現、鳩山由紀夫内閣が成立し私が衆議院議長の大任を果たすことになりました。

鳩山内閣には、選挙のときの公約であるマニフェストがありましたので、各大臣ともその実現に力を尽くしていった点は、分かりやすく良かったと思います。特に子ども手当や高校授業料無償化は、少子化が進む中で、多くの国民の支持を得て実現したのは評価できるものです。

しかし、あまりにも政治主導を意識しすぎて、官僚に協力してもらってうまく共に仕事を進めることが出来ない大臣も見受けられました。また突然〝官僚の答弁を拒否する〟とか〝事務次官会議を廃止する〟など、小沢一郎幹事長から提起された政治主導は問題の多いものでした。特に事務次官会議をなくしたために、閣議決定の内容が充分に各省庁に伝わらないこともあり、せめて閣議後に官房長官が各省の事務次官を集めて報告するなどの工夫が必要だったと思います。答弁はもちろんもっと副大臣や政務官がすべきだと思いますが、今まで実務に携わった者として、官僚の答弁も必要なのです。

国会運営全体に、与党としての民主党は与野党をまとめていこうとする意欲に欠けて、野党意識のままで、他方自民党も各委員会で委員長不信任を乱発し、審議に積極的に参加しようとはしませんでした。そのうち、鳩山総理のカネの問題や小沢幹事長の秘書に政治資金問題が表面化するなどの状況の中で、菅内閣が成立したのです。

## 菅内閣・野田内閣

菅直人内閣が成立したのは10年6月8日。その直後の参院選で民主党は負けて、衆参ねじれ状態になってしまいました。敗因は、菅総理が外遊から帰った直後、いきなり消費税増税を打ち出し、TPPへの参加も検討するなどと表明したことが大きかったと思います。事前に何らの議論もなく、しかも選挙の直前に発表するなど信じられない行動でした。

若い議員の皆さんを見ていると、「ある責任」を持ったり「ある地位」に就くと、それが党内のポジションであろうと、政府のポジションであろうと、何でも自由に勝手に自分の責任で出来るのだという思い込みを持ってしまう人がおられます。どんな政策でも、経緯や経過があり、現実もあることを見極めて判断しなければならないのに、それを無視して発言をしたり、行動を起こして問題を起こしている。それは与党経験がないからやむを得ない面もありますが、総理の発言となると大変です。

ねじれ国会になったうえ、尖閣諸島沖で海上保安庁の巡視船に中国漁船が衝突するという事件が起きて、その対応をめぐって官房長官と国土交通大臣に対して参議院の問責決議案が可決され、その後辞任、交代となったのです。

## 「ねじれ国会」への対応

「ねじれ国会」のもとで、与野党の合意形成が一層難しくなっていきました。私は自民党も民主党もそれぞれの立場で「ねじれ国会」を経験しているのだから、お互い理解をし合えることも多いだろうと考えていましたが、事態は全く違っていました。

民主党の方は、多数派だった時の自民党がやったことを、自民党の方は、少数派だった時の民主党がやったことを、それぞれ立場を変えて同じことをやっているのが残念ながら現実でした。同じことをやれば、経験豊かな自民党の方が圧倒的な力を発揮して、参議院での問責決議案を連発して参議院を機能不全にし、決められない国会になってしまったのです。

考え方や対応に違いがあっても、いま解決しなければならない問題、与党・野党という前に実質的な議論、話し合いをしていかなければならない、それが国会の役割なのです。

参議院の問責決議案は、閣僚に対する広い意味での責任を問うもので、「陳謝あるいは職務への精励の覚悟、そのための具体策の表明にとどめるべき」というのが基本で、衆議院の不信任とは異なるものです。衆議院では内閣不信任案について解散という対抗手段があるのですが、参議院にはそれがありません。参議院の問責で閣僚の辞任という形は、憲法の議院内閣制を歪めるものといえるのであって、悪しき前例を与野党で作ってしまったのは非常に残念なことです。

そこで私は11年1月に各党の幹事長、国会対策委員長と個別に会談し、国会の運営、与野党の協議、参議院の問責決議の扱いなどについて意見交換を行いました。その直後、議会制度協議会を開会し、私から「ねじれ国会」の状況を踏まえた両院協議会のあり方について議論を要請し、議院運営委員会に「国会改革・機能強化小委員会」が設置されたのです。

衆参で異なった議決をした際は、両院協議会で協議します。委員は両院から10人ずつ選ばれますが、慣例により各院の多数意見を構成した会派から選ばれるために衆議院では全員与党、参議院では全員野党になってしまいます。協議会で成案を得る議決をするには、出席議員の3分の2以上の賛成が必要なため、結局機能しないのです。

そこで11年1月に西岡武夫参議院議長と協議し、両院の意見調整を行う両院協議会の機能強化に向けて国会法を改正する必要があるとの認識で一致し、各党に法改正の検討を呼びかけることにしたのです。しかし自民党からは「野党時代にさんざん与党に抵抗した民主党が与野党合意の重要性を説くのは虫が良すぎる」という声が出て、具体化が出来なかったのです。

こうした「ねじれ国会」の現状を踏まえ、平田健二参議院議長と共に12年8月29日「熟議と決定の国会」に向けた改革提言を行いました。内容は「国会会期の長期化」つまり実質、通年国会化を図るものです。

第一に通常国会の召集は現行の通り1月中として、会期を300日とする。第二に特定期間（ゴールデンウイーク、夏季）を休会として会期の当初に決定する。夏季休会は「議院の休会」として、両院の了解のもと各院で決定する。第三に特別国会及び選挙後の臨時国会の会期は、実質通年会期であることを踏まえて、衆参両院一致の議決で定める。第四に実効性のある両院協議会を可能にするため、両院協議会の協議委員の人数を20人に拡大するとともに、院の全構成会派に比例配分し、成案決定の要件は協議委員の過半数の賛成で決める。しかし残念ながら、この直後に解散となり、あまり公に知られることもなく消えてしまいました。

しかし今後も、衆参「ねじれ国会」は想定されますので、国会がしっかり機能するための改革を実現しなければなりません。その一つとして、ぜひこの通年国会制度を考えていただきたいと心から願っています。

## 東京電力福島第1原子力発電所の事故について

福島の原発事故に関しては国会も事故調査委員会を有識者メンバーで作ることとして、11年12月8日、黒川清・元日本学術会議会長を委員長として10名のメンバーでスタートし、精力的に活動して12年7月5日に報告書が提出されました。

当然、衆参合同の提案でしたから、国会としてこの具体的な提言を生かし、その実現のために最大の努力が必要だったのです。ところが、提出された報告書を読んで、自民党が急に消極的になりました。政府にこの報告書を提出するときに急に参議院議長が、「この報告書には参議院の議運で異論が出て、まとまらないので衆議院だけでやってくれ」と断ってきたのです。

そこで私は、野田佳彦総理、枝野幸男経済産業大臣、細野豪志環境大臣に対して、「政府において国会事故調査報告書の内容を精査し、指摘されている各項目について確認するとともに、その責任を明らかにすること、その上で原子力安全体制を一新し、新しい原子力規制委員会が十分に機能するまで拙速に物事を進めないこと」を申し入れたところです。衆議院の議運でも、この提言を具体化するために議論を行ってもらったのですが、自民党はやる気がなくて進みませんでした。

提言は、この事故は人災であり、電気事業者への監視の強化、原子力規制の組織の改善・強化、原子力法規制の見直しなど、今までの自民党政権の下での原子力行政のあり方について、大きな疑問点を具体的に上げているのです。

そしてさらに「規制する側が規制される側の虜《とりこ》になった」と「いわば電力会社が経済産業省や原子力安全委員会のメンバーを虜にしていた」ということまで指摘しているのです。

あの事故の教訓が生かされないまま、再稼働が行われている現状は誠に情けないことです。私としても事故調査委員会のメンバーに申し訳なく思っています。誠に残念なことでした。しかも、この事故の後ドイツをはじめ多くの国々で、脱原発に向かって歩んでいる時、事故を起こした当事国が、いまだ原発に固執し、その上で海外への輸出を進めるなど、とても許せるものではありません。

## 国会の現状

民主主義を支えるシステムとして、三権分立制度が憲法上の大原則です。そのためには、情報が公開されること。国会は国権の最高機関として、行政に対して資料を要求したり、証人を喚問する権利が憲法上認められています。

しかし最近、政府は資料を捏造や改竄したり、あるものを隠したり、ないものにしてしまったり、提出しても黒塗りにしてわからなくするなど、民主主義に反する行為を重ね、しかも、それが明らかになっても誰も責任をとっていないのです。ひどいものです。

その上、政府提案の法律案は最近、政令に委任する条項が増えて、政令の内容がわからなければ審議できないものとか、数本の法律を一本にまとめて審議の短縮を図るなどひどいものです。国会無視の現状は、まるで独裁国家のようです。今まさに、平和と民主主義の危機といえましょう。

（2019年5月）

# 北海道への思い

## ❖未来への希望に向けて　北を語る

「北を語る会」の創立30年おめでとうございます。小川東洲先生に誘われて第1回の会合に参加したことを覚えています。30年というのは相当な努力を必要とすることで、「北を語る会」は一つの異業種交流というか、いろんな人が集まって意見を随時交換できる、今一番望まれている姿ではないでしょうか。今日は北海道に関するお話をさせていただきます。

### 北海道を語る前提として

北海道にはいろんな人々がやってきて、今日の産業や経済、文化があります。アイヌの人々は縄文時代の子孫という意見もありますが、千島列島から樺太、青森県の北部の一部までその世界を持っていたことが、最近の考古学、瀬川拓郎・札幌大学教授らの研究で明らかになってきて、従来知っているのと違う姿が描かれつつあります。オホーツクの人々もいます。それに全国各地から夢を持ってやってきた人々。あるいは囚人として来て道路建設などに努力した人が20万人もいます。中国や朝鮮半島から連れて来られた人達が9万6千人。千歳空港の建設に関与した人たちもいます。炭鉱で働いた人も多い。

2018年は北海道150年ということで、さまざまなイベントがありましたが、残念に思ったことがありました。

それは、この150年この地で生きて活動してきた人々の姿が忘れ去られていることです。ひとつは、炭鉱で働いていた多くの人々の姿。北海道の石炭が、明治や戦後の日本経済の発展にどれほど多くの貢献をしたことでしょうか。そして、炭鉱の事故でどれほど多くの人が今も空知の炭田の土の中に眠られていることでしょうか。また、今や日本の食糧基地であり、米どころの北海道各地で、自然や災害と闘って開拓を進めてきた多くの人々。そのご苦労を忘れてはなりません。この地で苦労して、今日の北海道を築いてきた人々のことを、決して忘れてはなりません。

そういういろんな人たちの思いと蓄積があって、今日の北海道があります。したがって北海道を語るには、地域の自分のところを知るということが大前提になります。

知事時代に永六輔さんが士別に来て、「ここは地球の真ん中」という講演をしました。地球は丸いからどこをとっても真ん中といえますが、視点として大事なのは、そこを中心にして同心円を描いて物事を考えてみること。すると見える世界がまったく違ってきます。昔の人は本州から来ると内地の人だ、と言いました。内地に行くぞ、とも言いました。沖縄の人も内地という言葉を使っていましたが、「本土」と言い換えました。

北海道と沖縄はいろんなご縁があります。沖縄戦の戦死者で一番多いのは北海道の出身者で、1万800人。他の県は千人とか2千人です。北海道の第七師団が当時の満州に派遣されていて沖縄戦の前に配置換えされました。慰霊碑を作ったのは北海道が最初。「北霊碑」です。また、畑の中に「南北之塔」が建っています。北海道の兵士の中のアイヌの人たちが沖縄の人を大事に扱いました。そこに生まれた友情をベースにして建てられたものです。

沖縄は昆布の日本の一番の消費地。北前船の話がありましたが、薩摩藩が中国との密貿易に昆布を使いました。那覇に昆布茶碗という地名が残っています。明治維新の主体は薩長だから、北海道の昆布が意外と明治維新の力になったと言えるかもしれません。

## 同心円を描いてみる

北海道は北の果て、遠いし寒い、とよく言います。歴史も浅いし独自の文化もないという人が道内にもいます。陳情に行くと、経済人の中にはそういうことを言ってなんとか支援を引き出そうとする人が結構います。

本当にそうでしょうか。同心円を描いてみると、北海道の北緯40～45度は、ニューヨーク、シカゴ、ローマくらい、パリは49度でロンドンはさらに北です。北海道はまったく北の果てではなく、地球の真ん中、世界の産業文化の中心の地域です。札幌を中心に同心円を描くと、ユジノサハリンスクは仙台くらい、東京まで広げると、ナホトカ、ウラジオストク、ハバロフスクが同じくらい。ハルビンは大阪くらいになります。

こう考えた時に、日本海とオホーツク海がもっと平和で開かれた海でないといけません。交通アクセスがしっかりできないと、この同心円は完成しません。東京からの目線ではなく、この二つが大事だと思って活動してきました。

## 楽しい冬──準備は十分か

「寒い」ということ。これには思い込みがあります。アンケート調査で「転勤したくない、嫌いだ」という第1番に北海道が挙げられています。その理由のトップは「暖房費がかさむ」ですが、南の方は暑くなると冷房費がかかる。お天気にもよりますが、暖房費がそんなに高いわけではありません。寒地住宅で開発してきた技術は、内部の熱を逃がしません。冷房も同じ。九州の建築の中にも、その技術が生かされています。

確かに冬は寒く、雪は降るけど水の心配がありません。流氷が来ます。流氷が来るからオホーツク海は豊かな海になります。プランクトンを運んでくるし、ある程度操業できないから資源保護にもなります。だからオホーツク海は、生産性が高いのです。日本海を1とすると、太平洋は2、オホーツクは4〜5と言われているのです。プラスの面がたくさんあります。

冬のスポーツがあるし、四季それぞれの楽しみがあります。春が来た時、わっと花が咲く。四季の感覚というのは、やっぱり北国に住んでいるわれわれの特権だと私は思っています。札幌から車で60〜90分以内で、ゴルフ場もスキー場も、海水浴も、山菜採りも山登りも楽しむことができます。こんな都市はないのです。

問題は、冬の生活が本当に充分に楽しいように準備できているか、ということ。北方圏交流をやってはっきり見えてきました。今は変わっているかもしれませんが、例えば20年くらい前、子どもの手袋を作っていたのは四国。四国は生産拠点を移し、なんと東南アジアで作っていました。長靴も、ドラえもんの絵を描いたのを喜んで履いていたが、寒くなると履けないものでした。冬専用のそういうものの整備を北海道の地元の企業がやってきたかというと、やっていませんでした。帽子もそうでした。帽子メーカーはありましたが学生帽と作業帽だけ。耳を隠すだけで上着1枚着るくらいの保温効果があると言われていますが、ファッション性のある防寒帽子は旭川で1社が作っているだけでした。この話をしたら、西武流通グループの堤清二さんがグループの五番舘を通じて道内のメーカーに話してくれて、手袋、長靴、帽子など寒さに強くて暖かい商品を開発してくれました。

## 冬こそ文化のゆりかご

北国には独自の文化がないといいますが、数学者の広中平祐さん（ハーバード大学名誉教授）に来てもらって道南の大沼で若い人に話してもらったことがあります。「冬があるのはいいものなんだ。ハーバード大学でも冬になると、研究室に集まって議論したり、自分の研究に没頭できる。そして春になるといろんな論文がわーと出てくる。研究者にとって冬とはそういう存在なんだ」と。われわれは冬の利用の仕方をもっと考える必要があります。

劇団四季の浅利慶太さんが、北海道で初めてミュージカルをやってくれました。その時、彼が言ったのは、北欧などでは冬になると夜はだいたい音楽会や演劇に行ったりして楽しんでいるということ。それが北海道には足りないんじゃないですか。

そこで当時の板垣武四札幌市長などとも話して、札幌コンサートホールKitaraなんかが出来たのも、そういうきっかけがありました。文化が浅い、ない、と言いますが、われわれの文化はちゃんと持っているし、創っていかなければいけません。もっと独自の意識を持ってやらなければいけません。

## 教科書にはない歴史

歴史や文化というものは、教科書では中心地の発想になります。太平洋側を「表日本」、日本海側を「裏日本」というように言いますが、日本の歴史では、太平洋側でせいぜい2000年、日本海側は2000年の交流があります。視点というのはその地域の視点で見なければだめです。いろいろな歴史の中には、アイヌの人々の歴史もある。文永・弘安の役（元寇）で元が攻めてきて神風が吹いたと言われます。アムール川の河口に元の出先機関があって文永の役より半年くらい前から、間宮海峡を越えて北からも攻めてきました。その時抵抗したのは樺太アイヌの人たちでした。同時に北を回る貿易もありました。日本史を習うと、当時鎖国になっていて窓口は長崎の出島だったといいます。その時に北では山丹交易という貿易があった。アイヌの人たちが仲介をして、こちらから鉄の製品などを渡し、向こうから「蝦夷錦」と呼ばれる織物を持ってきてもらいました。これは京都などで非常に珍重されました。そういう貿易もありました。

知事のとき、中国黒竜江省、ロシアの沿海州、サハリン州、北海道と共同でオホーツク文化と山丹交貿について、シンポジウムをやったことがあります。その結果、オホーツク文化の時代（3世紀~13世紀）、オホーツク人はオホーツク海のみならず道南に拠点を持って、日本海から津軽海峡をまわりこんで下北半島にも往来していたことがわかりました。北海道が中国黒竜江省、ロシア沿海州、サハリン州と密接な文化関係にあったことが、最近の考古学の研究から明らかにされています。自分たちの歴史をしっかり見つめ直してみることが本当に大事です。

## 北方領土主張のベース

２０１９年の大学入試センター試験で、日本史に初めてアイヌの問題が出ました。アイヌの人々のことで一言いえば、ユジノサハリンスクで北方領土について対話集会をやったことがありました。北海道から２００人くらいが行き、あちら側も２００～３００人が参加しました。フョードロフ・サハリン州知事が、北方領土はロシア人のものでも日本人のものでもない、と言いました。じゃあ誰のものか。アイヌの人々のものだと。私の発言の時に、アイヌの人々は日本人なのだから、北方領土は日本の領土なんだ、と話をしていろいろ議論した。

今、日本政府はロシア政府と北方領土問題で交渉しています。北方領土は日本の領土だという主張のベースは、アイヌの人たちが11～12世紀からあそこで生活していた、あの地域を自分たちのエリアにしていた、という否定しがたい歴史的事実の上に、その後の歴史が積み重ねられている、ということです。返す、返さないだけでなく、今日に至るわれわれの生活と歴史をしっかり認識しておくことが大切です。北の果てとか遠いというのは東京の見方です。

## 自然にはぐくまれた道民性

歴史と文化を確認した上で、道民性とはどういうものかを見ましょう。NHKが47都道府県ごとにやった意識調査があります。「男と女の間に能力の差はあるか」。北海道は「ない」が圧倒的に多いです。北陸3県に比べ20%ぐらい多い。次に「あなたは毎日何かに追われている気がするか」。「しない」が47都道府県中トップ。「今の世の中、金次第と思うか」。「違う」が同じくトップ。「他から来た人のことをよそ者と思うか」。「思わない」がトップ。もう一つ「賭け事が悪い事と思うか」。「思わない」がトップ。北海道は全国各地から人が集まり、出会った土地です。

そのとき、薩摩弁と東北弁の人が出会ったとき会話は成り立ったのか、想像すると大変楽しくなります。コミュニケーションのためには、相手を認めて受け入れるという気持ちがなければ、会話は成り立ちません。それは、外から来た人を迎え入れる気持ちにつながっているのです。

また、北海道の開拓には男も女もありません。女性は大変でした、仕事をして家事も育児もこなしてきたのです。だから北海道の女性はたくましい。自然と共に生きてきたのです。お金があっても天気は、自然は、自由になりません。お金より大切なものは毎日の生活の中にあったのです。そして特に明治時代、北海道に行って一旗あげて成功して故郷に帰るという意識は強かったと思います。したがって北海道に子どもも孫も住んで行くんだという定住意識は低く、誰かが亡くなると本州の墓に入れていたのです。これはやっぱり自然の中で生きてきたということだと思います。自然を大切にして畏敬の念を持ち、寛容な精神で人々を受け入れ、ゆったりとしたリズムで生活し、家族や地域を大事にしてきた。これが北海道の特性だと私は思っています。

いろんな場面でそういうことに気付きます。ある時、三笠市の企業団地の懇談会で、本州から来た企業の人たちが、びっくりしたと言いました。従業員が休ませてくれというので理由を尋ねると「隣近所の人が亡くなったから」。こんな話は聞いたことがないが、地域で生きていかなければならないから、そういう隣近所の付き合い方を尊重して休みを認めた、と。

なぜ北海道に住みたいかという世論調査があって、第一に「隣近所の付き合い」が住みたい理由にあがっていました。厳しい自然の中では一人では生きていけないから、みんなで協力してやってきました。こうした北海道の特性は、これからの日本の社会にふさわしいものがあります。

日本でも一時、竹中平蔵さんらが市場万能主義を打ち出し、あのバブルがはじけた時に、ある評論家が「今が良ければそれでいい、自分さえよければ他は知ったことではない、金さえあれば何でもできる、人の心でも買えるよ」といい、「株価を上げるにはリストラをすればよい、大いに首を切れば、この会社はよくやっていると株価は上がる」と言った。あきれました。こういう流れは日本社会の中に根強くあります。北海道はそういうことではなく、先ほど確認した道民の特性というものがあり、それをどうやって生かしていくのかが大事だと思います。

## しっかり守れ　平和と仕事

活動するにあたって、どこの国でもいつの時代にも大切なことが二つあると考えています。一つは平和であること。もう一つは働く仕事があって、それを一生懸命やれば生活でき、結婚もでき、子どもも生んで育てることもできる、老後の心配もない。これが基本です。最近みていると、この二つに危うさを感じます。この二つが基本なんですよ。

そういう厳しい北海道の現状をどうするか。佐上信一という北海道庁長官がいました。

1933年（昭和8年）に「北海道の長所、短所」という調査をしました。31年、32年と大冷害が続いて農村では娘を売ってしまうというような事態が続いたあとでした。この調査で、長所としては開拓精神がある、ところが短所として郷土を愛する気持ちに欠けている、土着心が弱い、投機心が強い、依存心が強い、という結果が出ました。長官はこんな演説をしました。「いかに有用な仕事があれども、国庫の補助を得るにあらずんばこれを計画するものなし」と。

今から80年以上前。昔の話かなと思いますが、定住意識を考えると、「北海道に住み続けたい」という数字は83年ごろの調査で60%前後でした。今は84%。私が知事をやめる時に78%くらいだったから上がってきています。

定着心、土着心がなければこれはダメです。どうしたらいいか。やっぱり北海道にフロンティア精神を取り戻したい。そのために何をするか。必要なのは人のエネルギーです。同時に地域のポテンシャルを活性化させること。この二つをしっかりやらなければ、なかなか大変です。

## 地域の誇り――自立に向けて

そこで一村一品運動を始めました。地域を大切にすること、助け合うこと、連帯感をもって定住すること、自主自立の精神で、何事にも挑戦する気持ちをもって、地域に誇りを持つこと。地域に住んでいる人はそれぞれ主人公です。何が必要かというと、まず住んでいる地域を知ることです。

ある時、当時の網走管内白滝村（現オホーツク管内遠軽町）の村長さんが「うちの村には何もない」と言うから「そんなことないですよ。1万年前には黒曜石の工場があったんですよ」と、たまたま知っていた話をしました。白滝産の黒曜石は千島列島やアムール川上流地域からも出ています。今は黒曜石が本州に行って加工され、戻ってきて土産物として売られています。

北海道は、あまりにも物があり過ぎて、面倒くさいことはやらないで原料をそのまま供給した方がいいというところがあって、道南の杉は秋田に行って製材されて戻ってくるとか、タラコが福岡に行って辛子明太子になり、昆布は本州に行ってとろろ昆布や佃煮になってしまいます。そこが北海道経済の弱さです。ある資材、資源を原材料としてそのまま売って、加工されて高くなったものを買ってくるから、北海道と道外の輸入と輸出の域際収支は当時2兆6千億円くらいの赤字でした。今でも2兆8千億円くらいで変わっていません。それをどうするかが経済人の課題なんですね。

地域の自然、地域の歴史を知るということ。どういう自然環境か。ミズバショウは北海道ではあちこちにありますが、本州では尾瀬まで行かないと見られません。われわれは非常に価値あるものをないがしろにしていて、知らないでいるというのが大きい。霧多布湿原ファンクラブや然別湖などの自然を守ろうという運動の中心にいるのは、意外に本州からぶらっとやってきた若者だったりします。われわれはもっと地元を見つめていきましょう。住んでいる人にもいろんな才能を持った人がいます。それを生かさないとだめじゃないか、そんなことを皆さんにお話しして、自分の町は自分たちで考え、議論していくことが本当に大事なんだということでスタートしました。

## どうする——地域の一品

日本の社会はタテ社会です。町村にも、みんな小学校や中学校の友達が多いのに、今は違うと思いますが、当時は夏祭りは商工会、秋の収穫祭は農協だ漁協だというようにやっていました。役場、地区労などほかの団体がもっと協力して地域の力を出すことはできないでしょうか。タテ社会からヨコ社会へと変えて連携する。町をどうするかという時には一緒にやろうと。これが地域の力を生み出す活力です（これも選挙になるとみんな分かれてしまいますが）。そのうち商工会から「風と土の連帯」というスローガンが出てきました。風は移り住んできた人で、違う視点を持っていること。土着の視点と突き合わせて新たな発想を生み出そう、ということでした。

こんなふうに始まって10年たってどうなったでしょうか。特産品が700ぐらい、地域イベントが全部で1900出てきました。関連イベントが600、てっぺん共和国（稚内市）、流氷あいすらんど共和国（紋別市）などミニ共和国もあちこちにでき、地域づくりの軸が出てきました。最初はモノづくり、それからイベントになって、文化活動から最後は人づくりと、展開が変わってきました。

北海道経済の問題点のひとつ、原材料供給型の植民地型からもっと高めたい、と販売する方から意見が出た。その時、北洋銀行頭取の武井正直さんが、「全国の食品バイヤーを呼んで商談会を定期的にやらなければ、外に売れるようにならない」といってバックアップしてくれました。札幌テレビ放送（ＳＴＶ）が町村長を呼んで、15分ぐらいの時間を与えて自分の町をいかに売るか話をさせました。

役場の人たちは、町長にどうやって宣伝してもらうか、自分の仕事に関係なく一生懸命考えました。タテ社会ではこういう機会はあまりなかったので、大きな力になりました。

商談会に行くと、おいしいと勧められたバイヤーが塩辛をとって「あんたこれを誰に売るの？」と質問している。「買ってくれる人ですよ」との答えに、「そうじゃなくて自分の家で食べるのか、業務用か、それともお土産か、それによって売り方違うでしょ。家庭でこんな大きい容器を買う大家族はもうないよ。ひとり住まいが増えているんだから」とアドバイスしている。量をどうするか、価格をどうするか、パッケージをどうするか。いったい何の目的に使うのか、ちゃんと考えて売りなさいと。すでにやっている人に紹介する話ではありませんが、当時はそのように指摘されました。函館に行くと「独身貴族」という商品が出ていました。塩辛とか二つ三つ入っていて結構ヒットしている。バイヤーの人たちとコミュニケーションを持つのは大事なんだと思いました。

## 地域の資源に付加価値を

この時にやってきたのは本州の企業でした。流通とか広告関係では、ＳＴＶと武井さんのほかは、道内の人たちの反応はあまりありませんでした。西友の堤さんとかダイエーの中内功さんは、全国的に北海道物産展をやるから協力してくれといってきました。ダイエーは、大型船を借りて東京の港に着けて、北海道物産展を大々的にやった。そういう活力をみんなでつくることが大事なんだなと、その時思いました。

新しい商品も随分できました。例えば、ウニというのは昔は塩ウニだけでした。そのうちアルコール漬けのウニが山口県でできました。そこで利尻、礼文で瓶詰の甘漬けのウニを作りました。2千円か3千円しますがよく売れました。これで終わりかなと思ったら、今度は海水濃度の塩水につけたものが出てきました。東京のすし屋さんではウニの姿を崩さないようにミョウバンにつけて、味が変わってしまいます。本当のウニそのものの味でというのが「塩水ウニ」。実においしい。今、新千歳空港にいけばどこでも売っていますが、3千円から4千円します。付加価値を高める努力というのは、「こんなモノと思うものにもある」ということを教えられました。

一村一品の時に道内各地の人を道外に派遣しました。全道各地の商工会などから1回に20人くらい。初めに大分県に派遣されて帰ってきたらどうだったか。「いやーびっくりした。柚子という一つのものを使ってたくさんの商品がある。あんなにやって売るなんてとても考えられない」と言います。付加価値を高めて商品にしていくということが原則。その基本のところを見つめ直すきっかけになりました。

## 町づくりの軸の発見

いろんなものが出来ました。オホーツク管内置戸町にはオケクラフトがあり、きれいな木の器を学校給食なんかに使っています。ここは、戦後から公民館運動が盛んで移動図書館をやっていました。本の貸し出しでは遠軽とか置戸は全国トップクラスでした。この図書館長が滋賀県に県立図書館が新しくできた時に館長としてスカウトされていきました。この人のアイデアで「著者に会いたい」という企画があって、国際的な工業デザイナーを招いて、アドバイスをもらったことから、オケクラフト作りが始まったのです。今は道外からたくさん人が来て工房を持ってやっています。

上川管内鷹栖町は小林勝彦町長時代に「オオカミの桃」を作りました。生食用の完熟トマトを使ったトマトジュースです。丸井今井百貨店でニューフロンティアフェスティバルを開くときに、名前を工夫してトマトのラテン語原名から名付けました。健康な、病気にならない町づくりをテーマにして、栄養士、保健師、町立病院の医師らが取り組んだ中で誕生しました。今も大きな瓶入りで、時々行く東京のスーパーでも売っています。

同じく剣淵町は絵本の里づくりを進めました。きっかけはパリに14年滞在した銅版画作家が近隣にいたこと。その人に絵本の原画を提供してもらっては――というところから始まりました。西原学園という知的障碍者の施設がそこで喫茶店をやり、青年たちが有機農業に取り組み始めました。「心にゆとりと優しさあふれるふるさとづくり」を理念に20年以上前に出発して今もやっています。

檜山管内江差町の江差地域大学は、町民800人が1万円の会費で、年4回さまざまな分野の人を呼んで学習する、地域の人づくりです。町の大きな力になりました。

現在は北見市になった常呂町はカーリングです。道もバックアップして大丈夫かなと思いましたが、平昌《ピョンチャン》オリンピックで銅メダルですよ。その祝勝会に小学生、中学生もいっぱい来ました。選手の一人があいさつで「この町には何もない。町を出たいと何回も思った。しかし、夢を持ち続けてこの町で頑張って本当に良かった」と言って「あなたたちもこの地域で夢をさがして頑張ってください」と励ましました。テレビを見ていて感激しました。

そのように北海道各地に「種まく人」が生まれました。600人くらいのヒューマンネットワークを作りました。メンバーはその後それぞれ年をとって町長になったり、組合長になったり、いろんなポストについて頑張っています。初めはうるさい奴だと、議会や役場から嫌われていた人が多いのです。何かあると発言するでしょ。日本社会では、はっきりものをいう人は嫌われますが、こういう運動をやって市民権を得て、だんだん地域が活性化していきました。

## 裾野が弱い北海道経済

北海道の経済は公共事業依存、財政依存、そして原材料の供給型になっています。産業としては農業、林業、漁業の一次産業です。そして食品加工産業、それをベースにして観光産業。問題は何かというと、経済のすそ野が弱いこと。住宅の建設は経済波及力がありますが、4割くらいは道外に逃げていきます。つまり必要な材料が道内では生産されていないから道外から買ってくることになるのです。

裾野を広げるための企業誘致をやりました。日本経済が上向きだったので、来てくれたのは1747件で、それで増えた雇用は5万4000人に上りました。企業誘致は大事です。北海道の場合、業種の中には全く企業がないとか、あっても1つか2つという分野があります。新しく起業するチャンスは北海道には沢山あります。そういう経済状況で、何とか働く場所を確保しなければならないということで、商工関係の予算を増やしたり、試験研究機関を充実しました。

## 試験研究が財産を生む

試験研究機関も随分いろいろ作りました。水産、農業、キノコ養殖センターと花卉《かき》センター、食品加工センターとか。漁業でも成果が上がりました。日本海でヒラメとニシンの研究をやりました。春ニシンも増えています。研究者と漁業者の努力の結果です。おコメも農林水産省に行くたびに、「北海道米はまずい。農協のストアでは、地元のコメでなく新潟のコシヒカリだの、そういうの売ってるよ」と言われました。それは本当で、当時道産米を食べる道民は20%でした。今は80%。最初に品種改良でできた「きらら397」、この遺伝子などで「ゆめぴりか」「ふっくりんこ」「ななつぼし」の三つを作りました。サトウのごはんで「ゆめぴりか」が新潟の「コシヒカリ」と同じ値段で出てきました。挑戦していけば、みんなの知恵と努力でやれば出来ることはたくさんあります。

福祉の関係では、今北海道で障碍のある人、身体障碍の手帳、病気の手帳、精神障碍の保健福祉手帳を持っている人が合わせて40万人。これからさらに増えていきます。ゆったりとしたリズムが必要で、北海道のリズムは福祉社会に合うリズムです。競争と効率の社会になったら福祉は成り立ちません。本人の意思が尊重されることと、選択の幅が広くなくてはなりません。本人の能力が最大限発揮されるために、施設に入る時に「どういう能力が残っているのか」「どういう能力がダメなのか」をチェックして、対応をどうするかを調べてから施設に入ってもらう、そういう配慮が必要です。そのようにするところが増えていますが、全部ではありません。

## 「夜バナ」に福祉の原点

施設から地域へというのが、障碍のある人のテーマで、ノーマライゼーションの原則です。男性だろうと女性だろうと、健康だろうと病気の人であろうと、障碍者だろうと一緒に過ごす。「こんな夜更けにバナナかよ」という映画をぜひ見てほしいのですが、舞台は24時間ケア付きの公営住宅。これは私の第1回の知事選の公約でした。「札幌いちご会」設立者で社会福祉法人アンビシャス施設長を務めた小山内美智子さんが「一人で泣ける部屋がほしい」と運動を始めました。施設にいるとそれができない。その声を聞いて公約に出しましたが、なかなか大変でした。公営住宅に入る要件が決まっていて、障碍者を入れるのは難しいというのです。後に宮城県知事になった浅野史郎さんが道庁に来ていて、福祉課長として建設省と交渉して実現しました。鹿野靖明さんという筋ジストロフィーの難病で自分では身の回りのことができない人が、ボランティアの応援をもらって頑張っているという映画で、福祉の原点を考えるにはいい映画だと思っています。

ここで伊達市を紹介したいと思います。昔、道の施設で「太陽の園」があった。入所者はそこから企業に働きに出ることを目指していました。初めは職員の家に、働きに出ている人を泊める。慣れてきたらそこから企業に通う。そのうち私の時代から始まったグループホームに入って、そこから企業へ行くようになりました。さらに自立できる人は自分で家を借りて住む。金銭管理などのバックアップが必要で、それを応援する仕組みを作って、いま伊達市では400人くらいの障碍者が町で生活して、受け入れている企業が60から70くらいあります。企業にも努力してもらって、町全体がそういう雰囲気になっています。札幌から行ったお母さんは「札幌ではみんなの視線を感じる。伊達では全然感じない。いずれこっちに移って住みたい」と言います。

経済、福祉、いろいろ問題があって、これからますます難しくなっていきますが、われわれの社会はそれにちゃんと応えていく力を持っています。富山県のＮＰＯ法人で「このゆびとーまれ」というのがあります。デイサービスで高齢者も障碍者も子どもたちもみんな一緒に受け入れているのが特徴。これも最初、厚生労働省は抵抗しました。障碍者は障碍者施設、高齢者は介護施設、児童は学童保育と決まっていたからです。しかし何も問題は起きていません。お年寄りと若い人が一緒にいてその中に障碍者もいる、この型の組織はいま富山型といって全国に２０００事業所くらいあります。

試みはいろいろあって、子ども食堂も釧路などにできました。初めは子どもだけ、高齢者だけだったのが、いやいや一般の人も行きたいとなって、一緒に食事しましょう、お金は払ってもらって、となっています。

## 人口減にどう取り組むか

最後に、人口減が大きい問題です。私の時は幸せなことに3万5千人増えました。今は当時から40万人以上減りました。これから先の政府の見通しは、２０４０年には４２０万人くらいになる。20年間で１２０万人、1年に6万人減る。みんなが危機意識を持たなければいけません。

人口減少の要因は未婚化、晩婚化が増えていることです。結婚できても長時間労働と非正規雇用などの低賃金が問題で仕事と育児の両立が難しい。教育にはお金がかかる。こういうことが要素で人口が増えないのです。

都道府県別に出生率と女性の労働力の関係を見ると、働く女性の多い県では出生率も高く、北陸3県は本当に高い。これは家族に代わる地域の支援体制が整備され、女性が働くことで男性の長時間労働も解消され、非正規の不安定雇用も解消されことが背景にあると考えられます。今の労働のあり方や雇用の形態が全国の人口減少に拍車をかけてます。その中でも北海道は労働時間が長すぎ、一番問題があります。

このほか、農業、漁業、地域の交通など抱えている問題は多いですが、みんなで力を合わせて、この「北を語る会」のようにいろんな人と交流する場をもって、いろんな知恵を学んだり経験を学んだりして生かしていく、大きく言えばそうすれば北海道の将来が変わっていくと思います。

北海道150年の半分は、富国強兵の名のもとに中国大陸を侵略し、朝鮮半島を植民地にしたうえでアメリカとの戦争を始め、北海道212市町村の多くの若者が戦死をした時代です。これからの150年、いままでの歴史を踏まえ、新しい平和で人々が安心して暮らせる北海道をつくって行ってもらいたい、そのことを願って終わります。

最後に詩を一編紹介します。この詩は作者の茨木のり子さんから了解をいただいて、恩師の中野北溟先生が額に作品を書いてくださいました。知事室にいつも掲げて、ずっとこの詩の風景を思い起こしながら道政を進めてきました。いわば私の一村一品運動の原点です。道政への激励の詩と思っています。

六月　　　　茨木のり子

どこかに美しい村はないか
一日の仕事の終りには一杯の黒麦酒
鍬を立てかけ　篭を置き
男も女も大きなジョッキをかたむける

どこかに美しい街はないか

食べられる実をつけた街路樹が
どこまでも続き　すみれいろした夕暮れは
若者のやさしいさざめきで満ち満ちる

どこかに美しい人と人の力はないか
同じ時代をともに生きる
したしさとおかしさとそうして怒りが
鋭い力となって　たちあらわれる

（「北を語る会」創立30周年記念例会　2019年1月27日、京王プラザホテル札幌）

# あとがき

昨年、北海道新聞の夕刊に「私のなかの歴史」を35回連載させていただきました。これをベースに本を出版されたらどうですかと勧められ、今回の出版になった次第です。

多くの資料や写真、新聞記事や国会の議事録を読みながら、私の人生は実に多くの人に支えていただいて歩んできた人生だったと痛感し、心からみなさんに感謝しております。

私は2017年に引退し、後を継いでくれた道下大樹さんが立派に頑張っているので安心しています。ただ、日本の政治の現況は私が活動を始めた50年前（1969年）より、平和と民主主義という二つの基本が危うくなっています。

日本憲法の原点であり、核心は、国民一人一人の尊厳と自由、そして基本的人権を守るということにあります。そのためには1945年までの軍国主義ではなく、民主主義国家として戦後のスタートを決意したのです。

国民主権の下で三権分立。国会は国権の最高機関であり、行政権力を監視し、権力を抑制する。地方自治制度も民主主義を支える大きな要素です。

国会議員のときは、議論をするのが楽しかったです。これは問題だと思ったことは、すぐに過去の議論を調べ、専門家の意見を聞き、現場の声を聴いて、国立国会図書館に関連する資料を提出してもらい、質問をしたものです。大変やりがいのある仕事でした。解決に向かったものもあったのです。

若い議員のみなさんには、自分の基本テーマをしっかり持って、新聞片手の議論ではない議論を期待しています。ただ私にとって残念なことは、福島の原発事故について、国会事故調査委員会の黒川報告書の提言を実現できなかったことです。今後の原発論争の中で生かされることを期待しています。

私は国会議員として佐藤栄作、田中角栄、三木武夫、福田赳夫、大平正芳、鈴木善幸といった歴代総理大臣と、予算委員会などで議論をしました。みなさん総理大臣としての重みがあり、野党の意見にも耳を傾け、質問にはきちんと対応していました。

それぞれの方が、戦争時代を体験されたこともあって、日米安保条約と日本国憲法9条の間で悩みながらも、二度と戦争はしないと決意されておられました。

それに比べて安倍総理は軽いですね。総理大臣席から野次を飛ばした初めての総理大臣です。総理大臣はすべての国民を代表しているのです。自分を支持してくれている国民だけを代表しているのではないのです。

民主主義社会では、自分と意見が異なっていても、それを排除し敵視するのではなく、意見を聞き、議論をし、ときには説得するのが基本です。まるで子どもが権力を行使しているような安倍総理の言動を見ていると、日本のこれからが心配です。

ともかく私は若い人に、日本の歴史と現在の課題と日本の未来について、しっかり知っていただきたいと思っています。そのことを伝えることが、私のこれからの仕事だと思っています。北海道新聞の連載をまとめてくれた林真樹さん、北海道新聞出版センターの加藤敦さんに、心から感謝しています。

そして最後に、私の活動の一番身近なところで、いつも励まし支えてくれた妻の由美子にありがとうと感謝の意を表します。

2019年8月

横路　孝弘

**横路孝弘**（よこみち・たかひろ）

元北海道知事、元衆議院議長。1941年札幌市生まれ。札幌西高、東京・九段高から東大法学部卒。札幌で弁護士を開業後、69年衆議院議員に初当選。83年北海道知事に初当選。以後3期12年務め、一村一品運動などに尽力。96年、国政に復帰。2009年衆議院議長に就任。衆議院議員を通算12期務め、17年政界を引退。

カバーデザイン　須田照生
本文デザイン　株式会社アイワード
カバー写真は北海道新聞社撮影、本文中の写真は46ページ（北海道新聞社撮影）を除き本人蔵

**横路孝弘　民主リベラルの旗の下で**

2019年10月18日　初版第1刷発行
著　者　横路　孝弘
編　者　北海道新聞社
発行者　五十嵐正剛
発行所　北海道新聞社
〒060-8711　札幌市中央区大通西3丁目6
出版センター（編集）TEL011-210-5742
（営業）TEL011-210-5744
印刷・製本　株式会社アイワード

落丁・乱丁本は出版センター（営業）にご連絡下さい。
お取り替えいたします。
ISBN978-4-89453-957-0